图书馆学研究法
学术论文写作撷要

Research Methods in Library Science
Essentials of Academic Writing

王子舟 著

图书在版编目(CIP)数据

图书馆学研究法：学术论文写作撷要/王子舟著.—北京：北京大学出版社，2017.8
ISBN 978-7-301-28618-0

Ⅰ.①图… Ⅱ.①王… Ⅲ.①图书馆学—研究方法 Ⅳ.①G250.1-03

中国版本图书馆 CIP 数据核字（2017）第 194884 号

书　　名	图书馆学研究法：学术论文写作撷要 TUSHUGUANXUE YANJIUFA：XUESHU LUNWEN XIEZUO ZHIYAO
著作责任者	王子舟　著
责 任 编 辑	王　华
标 准 书 号	ISBN 978-7-301-28618-0
出 版 发 行	北京大学出版社
地　　址	北京市海淀区成府路 205 号　100871
网　　址	http://www.pup.cn　新浪微博：@北京大学出版社
电 子 信 箱	zpup@pup.pku.edu.cn
电　　话	邮购部 62752015　发行部 62750672　编辑部 62765014
印 刷 者	北京虎彩文化传播有限公司
经 销 者	新华书店
	730 毫米×980 毫米　16 开本　10.75 印张　181 千字 2017 年 8 月第 1 版　2020 年 12 月第 3 次印刷
定　　价	30.00 元

未经许可，不得以任何方式复制或抄袭本书之部分或全部内容。
版权所有，侵权必究
举报电话：010-62752024　电子信箱：fd@pup.pku.edu.cn
图书如有印装质量问题，请与出版部联系，电话：010-62756370

内 容 简 介

本书以培养图书馆学专业研究生以及图书情报工作者的科研能力与学术素养为目标,阐述了图书馆学研究中的选题、综述等方法,分析了理论研究、实证研究、学术史研究等方面的不同特点,论述了积累研究资料、遵守学术规范、保持良好治学态度的重要性及具体方式。本书不是从理论角度去泛论社会科学的研究方法,而是从论文写作出发,解决研究中面临的问题,并试图通过诸多案例起到举一反三的作用。

目　　录

第一章　图书馆学研究法总论 (1)
　1.1　图书馆学方法论上的一般性认识 (1)
　1.2　图书馆学研究法与一般学术研究法的关系 (3)
　1.3　图书馆学研究法与图书馆学方法的关系 (4)
　1.4　在学术论文中怎样介绍自己使用的研究法 (7)

第二章　学术论文的选题 (12)
　2.1　选题的几个原则 (12)
　2.2　选题要处理好的关系 (15)
　2.3　选题的方法 (17)
　2.4　确定题目的注意事项 (20)

第三章　研究综述的写法 (25)
　3.1　综述的功用与价值 (25)
　3.2　综述的文献搜集与整理 (26)
　3.3　综述的写作方法 (28)
　3.4　综述的文章结构 (34)

第四章　理论文章的写法 (39)
　4.1　理论研究的目的 (39)
　4.2　好理论文章的条件 (39)
　4.3　理论观点的引证方法 (42)
　4.4　理论观点的论证方法 (45)

第五章　实证文章的写法 (54)
　5.1　调查报告的写法 (54)
　5.2　访谈文章的写法 (63)
　5.3　案例文章的写法 (69)
　5.4　引文分析文章的写法 (76)

第六章　学术史论文的写法 (89)
　6.1　为什么要研究学术史 (89)
　6.2　学术史叙述的几种范式 (89)

  6.3 学术史论文几种写作方法 …………………………………… (103)
第七章 学术论文的结构 ……………………………………………… (110)
  7.1 摘要与关键词 ………………………………………………… (110)
  7.2 绪论与其他正文章节 ………………………………………… (113)
  7.3 结语与致谢 …………………………………………………… (116)
  7.4 参考文献与附录 ……………………………………………… (117)
第八章 研究资料的积累方法 ……………………………………… (119)
  8.1 要对有用的资料敏感 ………………………………………… (119)
  8.2 积累资料方法之一：抄录 …………………………………… (121)
  8.3 积累资料方法之二：批注 …………………………………… (123)
  8.4 积累资料方法之三：备忘 …………………………………… (124)
  8.5 积累资料方法之四：编目录 ………………………………… (125)
  8.6 积累资料方法之五：建数据库 ……………………………… (128)
第九章 学术规范的恪守 …………………………………………… (131)
  9.1 学术规范是学者的生命线 …………………………………… (131)
  9.2 如何恪守学术规范 …………………………………………… (132)
  9.3 如何引用他人文献 …………………………………………… (138)
  9.4 如何做好知情同意 …………………………………………… (142)
第十章 治学的几种基本态度 ……………………………………… (147)
  10.1 严谨求实的学风态度 ……………………………………… (147)
  10.2 扎硬寨、打死仗的苦功态度 ……………………………… (150)
  10.3 为学术而学术的追求真理态度 …………………………… (152)
  10.4 理论与实践结合的解决问题态度 ………………………… (157)
  10.5 追求朴实的文风态度 ……………………………………… (158)
延伸阅读书目 ……………………………………………………………… (163)
后记 ………………………………………………………………………… (165)

第一章 图书馆学研究法总论

学术研究是构建新知识并使其理论化的活动。学术研究方法就是进行学术研究时使用的科学方法。它的作用是为研究者提供可靠、有效的方式,确保研究的真实性、客观性、实效性,使研究者能选择或发现乃至构建一个正确的理论,以实现知识增新或创新的目的。

学术研究成果与研究方法是共生的。好的研究方法不见得能产生出好的研究成果,但优秀的研究成果都必然蕴含着适宜的研究方法。所谓适宜的方法就是我们通常所说的"研究方法科学、可行"。科学、可行的方法又是择优的结果,所以,一切科学方法都可以为我所用。法无定法,关键看是否适宜。

1.1 图书馆学方法论上的一般性认识

1.1.1 几个相关概念

一门学科的发展,不仅表现出理论上的意义,也表现出方法上的意义,这就刺激了科学方法论的兴起。方法论(methodology)就是关于方法的科学,它对方法进行分析、比较、评价、综合,是专门研究方法的一种知识系统[1]。图书馆学方法论(library science methodology)就是研究图书馆学方法的理论或学说。英国有经济学者在辨析方法与方法论的关系时说,"方法"是一门学科内部一系列相对无争议的良好实践的规则,成熟的学者对此心领神会,而新手则需被引入其中;"方法论"是专业方法论学者从事的更为严肃或抽象的活动[2]。目前图书馆学界对图书馆学方法论的研究文章,大多数属于研究综述或评述,而深入探讨某种专门方法应用的或建构方法论体系的目前还较少。

图书馆学研究法(research methods in library science,全称"图书馆学研究方法")是指从事图书馆学研究所采用的科学方式或手段。图书馆学研究法与图书馆学方法的概念也有区别。图书馆学方法(即图书馆学界习惯所称"图书馆学专门方法"或"图书馆学专门科学方法")是图书馆学在发展中逐渐形成的本学科经常使用的科学方法。它既可有效地应用于图书馆学实践活动中,也可有效地应用于图书馆学理论研究中。图书馆学方法是图书馆学研究法的一个子集,因此,凡是能有效进行图书馆学研究的科学方法,都属于图书馆学研究法关注的范畴。

1.1.2 科学方法体系

图书馆学界最有影响力的一个方法论观点认为,科学方法是由哲学方法、一般科学方法、专门科学方法三个层次构成的体系,如图 1-1 所示。

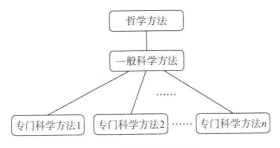

图 1-1 科学方法三层次

在这个科学方法体系中,处于最高层次的哲学方法,是适用于一切学科最普遍的科学方法;处于中间层次的各门学科所通用的一般科学方法,它们对各门具体学科大多通用,如观察法、实验法、调查法、归纳法、演绎法等;最低一层的各专门科学方法,它们是独特的、具体的,具有较强的针对性、特效性、可操作性。三者之间的关系是互相依存、影响、补充的关系。这也是国内社会科学界从 20 世纪 80 年代以来流行的观点,图书馆学界将其移植过来用以解释图书馆学方法在科学方法体系中所处的地位。图书馆学界多数学者认为,图书馆学专门科学方法属于第三个层次,专门科学方法是本学科必须独自具有的或主要使用的(不排除其他学科研究借用,但未改变方法的归属性质),因此不同的学科才有不同的科学方法。有无专门科学方法亦成为衡量该学科发展是否成熟的一个重要标志。

尽管图书馆学界对科学方法体系的三层次说给予了大致的认同,但在什么是图书馆学方法(即图书馆学专门方法)上,或者说图书馆学方法包含哪些内容上,目前还存在着一些歧见。如吴慰慈认为图书馆学专门方法包括图书馆统计法、读者调查法、移植法、比较法[3];黄宗忠认为图书馆学专门方法包括分类研究的方法、文献信息内容分析法、图书馆实践(实例)研究法、图书馆评价研究法、图书馆用户研究法、图书馆比较研究法[4];王子舟认为图书馆学专门方法体系由单元文献研究法、群体文献研究法、读者服务研究法组成,具体而言含有校雠法、版本法、文摘法、采集法、分类法、主题法、目录法、索引法、文献计量法、咨询法、导读法等系列的科学方法[5];得到图书馆学界多数人认同的观点是王崇德先生在 20 世纪 80 年代就提出的,他认为文献计量学、引文分析法是图书馆学的专门方法[6]。

这些学者提出的图书馆学专门方法包含的内容(即具体的方法项)各有不同。但需注意的是,图书馆学专门方法是有边界的,列入图书馆学专门方法的方法项,不能属于一般科学方法的范畴(如移植法、比较法),同时也不能属于其他学科的专门方法。

1.2 图书馆学研究法与一般学术研究法的关系

既然图书馆学研究法是指从事图书馆学研究所采用的科学方式或手段,也有人称为"图书馆学研究过程中科学行为方式及手段的总和。"[7]所以,举凡对图书馆学研究有效的一般学术研究方法都应该囊括其中,为我使用。

从静态视角看,一般学术研究方法的构成要素包括预设(presupposition)、证据(evidence)、逻辑(logic,包括演绎逻辑与归纳逻辑)等[8]。图书馆学研究法的要素也包括预设、证据、逻辑等必要成分。从动态视角看,一般学术研究方法从初级到高级发展出许多系列,如观察法、实验法、调查法、归纳法、演绎法、比较法、移植法等,这些研究方法到现在还在被科学研究者综合使用着,图书馆学研究法也包含这些研究方法,需要的话也应综合使用。

一般学术研究方法包含的集群很大,如从量与质的角度可以划分为定量方法(观察法、实验法、调查法、统计分析法等方法)、定性方法(文献研究法、案例研究法、人种志研究法、扎根理论研究法等方法)、综合方法(信息学方法、系统论方法、控制论方法、多学科交叉方法等)。从学科分类的角度也可以分为自然科学方法(观察法、统计法、实验法、归纳法、演绎法、信息学方法、系统论方法、控制论方法等)、社会科学方法(历史考证法、文献研究法、诠释法、调查方法、统计分析法、信息学方法、系统论方法、控制论方法、多学科交叉方法等)。

为了使科学研究方法以简明的方式表达出来,方法论研究者用科学方法体系对之加以简练刻画与描述,如前文所提到的哲学方法、一般科学方法、专门科学方法三个层次的阐释,就使人明白了一般科学方法所处的地位和作用。除了这一科学方法体系外,哈贝马斯(Jürgen Habermas,1929—)也提出过一个简明的科学方法体系,即学术研究方法主要由实证研究法、阐释研究法、反省与批判研究法(哲学方法)构成。哈贝马斯认为,人的社会生存与劳动、交往、权力三个要素紧密相连。从人类的认知旨趣来看,劳动解决了生命延续,也演化出求真的、自然科学常用的实证主义认识旨趣;交往促进了社会的发展,也导致出求善的、社会科学使用的阐释主义的沟通旨趣;权力使社会处于可控状态,但它带来了人文科学应用的审美、反省或批判的解放旨趣[9]。

这三种旨趣代表了三种基本方法,从发生的次序来看,实证主义方法是随着科学扩张以及工业化、官僚化等现代控制理性的发展最先出现的,它崇尚经验、客观、规律、真理等,并在19世纪成为了主流方法。阐释学方法强调社会不同于自然,它将社会科学与自然科学划分开来,反对自然科学成为一切知识的灵性,并将社会看成可以解读的文本,从中可以发现可理解的意义。它出现于20世纪上半叶,与相对主义、现象学等概念有很大关联,在学术界有较大的市场。反省与批判方法将对社会的诊断与治疗当作自己的目标,强调理论的实践性与对社会改良的能动性,在20世纪下半叶有很大的影响。美国社会学家纽曼(William L·Neuman,1950—)认为这三个方法,"反映了观察世界的不同方法——观察、测量和理解现实社会的方法",并将其概括为成为实证主义方法、诠释社会科学和批判社会科学,说其是社会科学的三大方法[10]。

图书馆学研究的现象不是自然现象而是社会现象,加之图书馆学研究法属于科学研究方法的子集,它的研究方法还是有一定范畴的。相对其他学科而言,图书馆学研究法主要使用的是社会科学领域里常用的一些研究方法。社会科学使用的方法大致都可以囊括于实证主义方法、诠释学方法、反省与批判方法之中。事实上,社会科学的研究方法的演化路径,也是从尊实证到重诠释再到高扬批判这样不断地叠加而发展过来的。图书馆学使用的社会科学常用的研究方法,既有调查法、统计分析法等实证性的定量方法,也有文献研究法、历史考证法、案例研究法、多学科交叉法、反思与批判法等阐释性与批判性的定性方法。

1.3 图书馆学研究法与图书馆学方法的关系

为了更好地辨析"图书馆学研究法"的含义,下面讨论一下"图书馆学方法"、"图书馆学专门研究方法"与"图书馆学研究法"之间的不同含义以及相关关系。

1.3.1 图书馆学方法

图书馆学方法,即图书馆学专门方法,是历史形成的,它在图书馆学研究与实践过程中的应用推动了图书馆学的发展。图书馆学这门学科有个自身的特点,它由理论、应用两大板块构成。并且,在历史形成过程中,应用部分占据主体地位。而以经验、应用为基础发展起来的图书馆学,其宗旨是为人们主动获取知识提供工具与方法,本身就有很强的方法意义,如长期演化出来的文献的校雠法、版本法、分类法、主题法、索引法、文献计量法以及逐步形成的导读法(提要法)、咨询法等。这些方法构成了图书馆学方法。

但是有学者称,校雠法、分类法、主题法、索引法等图书馆学方法实际上属于图书馆工作方法,图书馆学方法指的不应是图书馆工作方法,而应是"图书馆学专门研究方法";图书馆学专门研究方法是认识与研究图书馆学所采用的方法,而图书馆工作方法是实践中使用的技术与方法[11]。

对这一观点我有不同看法,即不同意将校雠法、分类法、主题法、索引法等看成工作方法而将其排斥在"图书馆学专门方法"之外。因为图书馆学本身就包含"应用"这个板块,图书馆学自身就具有方法意义,这些方法已经形成了图书馆学的基本内容,现在还在图书馆学专业课程中处于核心课的地位。取消了它们的图书馆学专门方法的地位,某种程度就是取消了图书馆学。

以考古学为例,层位学、类型学就是考古学所具有的独特的专门方法。层位学是研究古代遗址不同时代地层叠积的一种科学方法;类型学是研究古代遗存形态变化过程(如古器物谱系)的一种科学方法。起初,层位学源于地质学,考古类型学与生物学中的类型学具有某些渊源关系。但经长期考古实践的运用,层位学、类型学就逐渐形成了考古学的两种专门研究方法,被我国考古学界誉为考古学中的"两把尺子"[12]。这两把尺子主要应用于考古工作与实践中,如果把它称为考古的工作方法而非研究方法,那么考古学专门方法就没有了。

再以人类学为例,田野工作(也称田野调查)是人类学的专门科学方法,它与人类学知识的起源是密切相连的,是人类学学科自我界定和合法化的"商标",也是成为人类学家成熟职业身份的"成年礼"(rite of passage)[13]。田野工作通常是指人类学工作者深入某一地域,通过观察、访谈、参与来获得原始资料的研究过程。观察是指研究者要仔细看(采录实景),访谈是指研究者要认真听(深度访谈),参与是指研究者要努力做(亲身体验),"看、听、做"全都做到了才是合格的田野工作,因而也被称为人类学的"田野三角"[14]。同理,如果把它叫做人类学的工作方法而不是研究方法,那么人类学专门方法就没有了。

还有学者认为,实证方法、思维方法、现代科学方法(信息论、控制论、系统论)构成了图书馆学方法论的主体架构,而校雠法、分类法、索引法、导读法等作为图书馆工作方法,属于科学研究过程中文献搜集、整理等内容,应该在研究方法的"过程论"中寻找自己的位置[15]。其实,哪种科学方法不是发生在科学研究过程中的?哪种科学研究方法不是研究者运用在科学研究过程中的?所以,将一门科学方法或科学研究方法分为主体论、过程论也是没有必要的。

1.3.2 图书馆学专门研究方法

20世纪90年代以来,关于图书馆学专门研究方法的文章很多。我要再次提示的是,"图书馆学专门方法"不仅不同于"图书馆学专门研究方法"(黄宗忠先生还用过"图书馆学研究专门方法"的概念[16]),而且"图书馆学专门研究方法"的概念是有问题的。

"图书馆学专门研究方法"指的是专门研究图书馆学才使用的科学方法?还是指从事科学研究使用的图书馆学专门方法?如果是前者,根本不存在这样的方法,包括我们公认的文献计量法、引文分析法也不是专门研究图书馆学才使用的，其他学科也可以使用；如果是后者，则校雠法、版本法、分类法、主题法、索引法、文献计量、导读法等都可囊括进来，只要人文社会科学研究需要，都可以借来使用，它们本身与"图书馆学专门方法"的表述无二，何必增加"研究"二字呢？

从语言学的角度说，我们能接受"经济学研究方法"、"法学研究方法"、"管理学研究方法"、"数学研究方法"、"图书馆学研究方法"这样的概念，很难接受"经济学专门研究方法"、"数学专门研究方法"的概念，而且事实上也不存在这样的事物，如用这些主题词检索中国知网(China National Knowledge Infrastructure, CNKI)就不会检索到符合条件的文献。所以，我曾撰文提出："图书馆学专门研究方法"是一个伪学术概念，建议图书馆学界停止使用[17]。

需要反思的是，为什么偏偏图书馆学里有"图书馆学专门研究方法"呢？我们使用"图书馆学研究法"，其所指、能指都很明确，为什么要搞出一个不伦不类的东西出来？如果有人从知识考古的角度去研究一下"图书馆学专门研究方法"是怎样生成的，那一定很有意思。

1.3.3 图书馆学研究法

如前所述，图书馆学研究法就是指从事图书馆学研究所采用的科学方式或手段，也可以表述为研究图书馆学的方法。图书馆学研究法与图书馆学方法（图书馆学专门方法）是不同的。从事图书馆学的研究可以应用哲学方法、一般科学方法，也可以使用图书馆学专门方法，甚至包括其他各学科专门方法。如日本著名版本目录学家长泽规矩也于1940年出版的《中国版本目录学书籍解题》[18]，对500余部中国版本目录学书籍做了精当提要，属于图书馆学的力作。他使用的提要法，不就是属于图书馆学专门方法吗？还有李锺履先生利用索引法编的《图书馆学论文索引》[19]，收录清末至1949年全国报刊所载图书馆学论文篇目5,000余条，是研究近代或民国图书馆史、图书馆学史的必备检索工具。他使用的索引法不算是图书馆学专门方法吗？如果不承认提要法、索引法是一种专门科学方法，那么必须同时否定《中国版本目录学书籍解题》、《图书馆学论文索引》属于科学成果。这样做肯定行不通①。所以，图书馆学研究法是指研究图书馆学可以应用的一切方法。

---

① 有论者坚持认为"索引法"属于工作方法而不是研究方法，甚至举例诘问："如果在图书馆工作中编制《经济学论文索引》，那应该属于图书馆学研究法经济学研究法呢？"(金胜勇，王彦芝. 图书情报学研究方法概念体系概说[J]. 图书与情报，2013(4)：39-43,144.)我的回答是：编制《经济学论文索引》当然使用的是图书馆学方法（或称"图书馆学专门方法"，但不能称"图书馆学研究方法"）了，图书馆学方法是可以被其他学科借用的。再强调一下，将图书馆学方法分为工作方法、研究方法是不对的，因为图书馆学方法既可以应用于图书馆工作中，也可以应用于研究中。我们不能在潜意识中还保留"图书馆学专门研究方法"这种错误的观念。

在此还要强调一下,相对于其他学科研究者,我们掌握了图书馆学方法之后,在从事学术研究中应体现出某种优势:其一,能够熟练确定权威可靠的文献源与获取所需文献(包括远程文献传递);其二,善于利用图书馆发现不易被人察觉的相关文献(即有较高的知识发现能力);其三,能够将获取到的文献信息组成类别、层次分明而便于利用的资料集合。

社会是一个整体,各种现象是相互关联、牵扯的,你中有我,我中有你。人文社会科学其实也是一个整体,你研究的内容有我可取的,我研究的内容有你可用的,甚至研究方法都是可以借鉴的。研究图书馆学,不可不注意从其他人文社会科学借鉴材料、思想、方法,固步自封就会路越走越窄。以知识发现能力为例,有些对图书馆学有用的珍贵资料,常常隐藏在其他人文社会科学的著作里面,即古人所谓"玉隐石间,珠匿鱼腹"[20]。我们在图书馆里要多浏览相近、相关、交叉类目的图书,不经意中就会发现某些对我们十分有益的资料。因为"你永远不知道你将在图书馆里遇到谁。"[21]

1.4 在学术论文中怎样介绍自己使用的研究法

作为一门课程,我们讲图书馆学研究法,不仅要探讨有哪些研究方法对我们从事图书馆学研究最有效,还应论及图书馆学研究的程序、方法、规范等,对学生们从事图书馆学研究、论文写作起到具体的帮助作用。大的方面有如怎样选题,怎样撰写综述等,小的方面有如怎样在绪论里列举研究方法、怎样建立综述的概念框架等。

现在研究生毕业论文"绪论"里要求列举研究方法,国家课题申请书要交待使用了哪些研究方法。一般申请课题时,可以简略地用列举方式陈述将要使用哪些科学方法,而在研究生毕业论文里,作者不仅要介绍自己都用了哪些方法,而且还要具体讲清楚哪种方法解决了哪种问题。例如武汉大学一篇博士论文《促进老年人阅读的公共图书馆创新研究》(2008年),其"绪论"中专门有一节"研究方法"如下[22]:

> 论文采用了文献研究法、问卷调查法、典型案例法、比较研究法和实地考察法,从实践和理论研究两个层面探讨老年人阅读及其社会促进的问题。
>
> (1)文献研究法
>
> 充分利用电子和纸制文献、数据库文献和网络文献等渠道广泛收集相关资料,并通过阅读对其进行消化吸收、分析和提炼。中文数据库主要利用CNKI"中国期刊全文数据库"、"中国优秀博硕士学位论文全文数据库"、"中国重要报纸全文数据库"的三个子数据库,重庆维普"中国科技期刊数据库",万方数据"中国数

字化期刊群"、"中国学位论文全文数据库"、"中国学术会议论文全文数据库"等进行回溯检索。外文数据库主要利用 LISA、OCLC Firstsearch、Emerald Fulltext 等数据库。纸制文献主要搜集了有关老年学、社会保障、社会工作、图书馆学、阅读学、心理学等方面的书报期刊资料，广泛了解老年人阅读的相关学科知识。在网站资源上，主要跟踪国际图联(IFLA)、国际阅读学会(IRA)、美国图书馆协会(ALA)、中国老龄协会、老龄网等网站，了解相关理论进展和实践发展动态。

(2) 问卷调查法

为了了解老年人阅读的现状、特点、影响因素等情况，作者于 2006 年 6—7 月、2007 年 3—4 月先后在北京的 6 个城区和湖北省竹山县下辖 6 个乡镇进行实地问卷调查，共获得样本 500 余份，统一采用专业统计软件 SPSS 13.0 进行编码、制表、统计、检验和制图。根据调查结果分析了老年人的阅读特点及对公共图书馆的利用情况。

(3) 比较研究法

通过比较分析能够更清晰的发现差异和各自的特点，论文运用比较研究法主要体现在两方面。一是城乡比较。在选取北京、武汉和竹山县下辖乡镇作为调查样本的基础上，作者将其分为城市和农村两个组进行城乡老年人阅读的比较，期望发现城乡老年人阅读及对公共图书馆利用情况的差异和共同点。在此基础上，提出有针对性的阅读促进策略和措施。二是国内外比较。在探讨我国公共图书馆促进老年人阅读的制度和策略引入国外相关数据进行国内外比较，以期发现我国的差距以及努力的方向。

(4) 典型案例法

在探讨图书馆促进老年人阅读的高效运行体系和具体策略时，采用典型案例法，对国内外有代表性的实例进行介绍和全面剖析，以佐证观点，也便于公共图书馆根据自身实际进行借鉴，改善工作。

(5) 实地考察法

为了解图书馆为老年人阅读服务的情况，作者对北京市西城区图书馆、东城区图书馆、新街口社区图书馆以及竹山县图书馆、小旋村图书室进行了实地考察，对馆藏、老年读者服务、图书馆设备等情况有了初步认识，获得了图书馆发展现状的直观感受。

上述研究方法的交待，可使论文评阅人或读者对该论文的写作方法有了整体的了解，并判断出作者所采用的研究方法是否合理、可行。当然，上例中的"文献研究法"写得有些冗长，还可以简洁点。"实地考察法"也可以合并到"典型案例法"(应该称"案例研究法")里。因为实地考察、调研是案例研究本身应该包含的方式。

在多年的硕士、博士论文的评审中，还有在各类国家级课题申请书的评审中，我感到作者或申请人不会合理列出研究方法是一个十分突出的问题。这个问题包含了以下三个方面：

1. 所列方法不属于研究方法

有篇博士论文在列举研究方法时将"辩证分析法"、"理论与实践结合法"列了出来，这就有所不妥。在学术研究中，辩证分析问题，理论与实践相结合地研究问题，是每个研究者应该具有的科学素养，研究任何一个社会科学命题都要尽量恪守，在此作为研究方法列出就不合适。尤其是"理论与实践结合法"，根本就不是一种科学研究方法。因为，没有人能够讲得清怎样做、做到什么程度才算理论与实践相结合了。还有博士论文在交待研究方法时，列举出了"多学科交叉方法"。这种表述也不妥。在论文研究中使用的具体是哪种学科交叉方法，就列出具体的方法名（如"教育心理学方法"等）。

2. 所列研究方法不属于同位类

有个教育部人文社会科学研究一般项目课题申请书，名为《××地区地方文献信息资源数字化建设研究》，内容是计划建立某地方文献资源网络数据库并构建一个信息门户网站。此地区是一个四省市相邻接壤的地域，有着丰富的土家族、苗族为主体的地域性民族文化。申请书在介绍使用的研究方法时称，将"运用民族学、图书馆学、文献学、现代信息技术等学科知识进行此地区民族文献信息资源建设研究，研究方法主要有：田野调查法、观察法、采访法、文献法、统计法等"。这种列举就有些问题，因为"田野调查法"中包含了"观察法""采访法"。"观察法""采访法"与"田野调查法"不属于同位类，所以就不能再单独列出来了。

3. 生造一些研究方法

有几篇国家社科基金项目申请书，在表述研究方法时列出了"跨文化分析方法""探索性研究法""原典实证性研究方法""微宏观设计法""规范分析法"等；近年评审博士论文，看到有的作者罗列研究方法时提出过"文献调查法"（"调查法"只宜表述为"社会调查法"、"问卷调查法"等，文献的查找、收集、分析等可直接用"文献研究法"概括）、"文献实证研究法"（应表述为"文本考证方法"）、"历史与逻辑统一的方法"等。这些提法都欠规范，不具有确指性。

4. 所列研究方法太多

有的博士论文（或研究课题）在罗列研究方法时多达七八种以上，好像不多列出一些，就难以展示自己研究的复杂性及其重要价值。学位论文（或课题）的研究方法，要求列出主要运用的研究方法，或在研究中使用的特别有效的研究方法。社会科学研究方法有许多种，没有主要使用的话，也不宜列出。

参考文献

[1] 王子舟.图书馆学基础教程[M].武汉:武汉大学出版社,2003:259.

[2] [英]尼古拉斯·巴德斯利,等.实验经济学:反思规则[M].贺京同,等译.北京:中国人民大学出版社,2015:27.

[3] 吴慰慈,董焱.图书馆学概论[M].修订二版.北京:国家图书馆出版社,2008:43-44.

[4] 黄宗忠.论图书馆学研究的专门方法[J].四川图书馆学报,1994(1):1-13.

[5] 王子舟.图书馆学专门方法论纲[J].图书与情报,2001(4):10-16.

[6] 司莉.图书馆学专门研究方法述评[J].江汉大学学报,1998(5):102-105.

[7] 宓浩.图书馆学原理[M].上海:华东师范大学出版社,1988:238.

[8] [美]Hugh G. Gauch.科学方法实践[M].王义豹,译.北京:清华大学出版社,2005:326.

[9] [英]安德鲁·埃德加.哈贝马斯:关键概念[M].杨礼银,朱松峰,译.南京:江苏人民出版社,2009:9-17.

[10] [美]劳伦斯·纽曼,拉里·克罗伊格.社会工作研究方法:质性和定量方法的应用[M].刘梦,译.北京:中国人民大学出版社,2008:87.

[11] 金胜勇,吴杏冉.关于图书馆学专门研究方法之分析[J].图书馆理论与实践,2006(1):15-17.

[12] 张忠培.中国考古学:走近历史真实之道[M].北京:科学出版社,1999:214.

[13] [美]古塔,弗格森.人类学定位:田野科学的界限与基础[M].骆建建,袁同凯,郭立新,译.北京:华夏出版社,2005:7,5,20.

[14] 徐杰舜,许立坤.人类学与中国传统[M].北京:民族出版社,2009:73.

[15] 徐跃权,杨玉麟.论我国图书馆学方法论中的专门研究方法[J].中国图书馆学报,2010(1):20-26.

[16] 黄宗忠.论图书馆学研究的专门方法[J].四川图书馆学报,1994(1):1-13.

[17] 王子舟.图书馆学研究法及相关概念辨析[J].图书与情报,2011(1):2-5.

[18] [日]长泽规矩也.中国版本目录学书籍解题[M].梅宪华,郭宝林,译.北京:书目文献出版社,1990.

[19] 李锺履.图书馆学论文索引(清末至1949年9月)[M].北京:商务印书

馆,1959.

[20] [东汉]王充.论衡:自纪篇[M].上海:上海人民出版社,1974:450.

[21] [美]尼尔·J.萨尔金德.社会科学研究方法100问[M].赵文,李超.译.北京:北京大学出版社,2014:63.

[22] 肖雪.促进老年人阅读的公共图书馆创新研究[D].武汉:武汉大学信息管理学院,2008:25-26.

第二章 学术论文的选题

选题是从事学术研究的第一步。经济学家张五常说过:"学术真理的追寻,与大海钓鱼如出一辙。先要找自己认为有鱼可钓的地点。"[1]他把找到一个好的选题视为发现有鱼的地点,又将写出一篇好文章称作钓到一尾大鱼,选题与好文章之间的关系一目了然。

能否找到好的选题,这牵涉到了选题者对某个领域专注程度怎样,是否有良好的学术预感,以及指导老师是否具有高明之见等。这是各种优质学术素养集合、碰撞出来的结果,可遇不可求。但是,也不是说选题就没有原则和方法。

2.1 选题的几个原则

2.1.1 要有理论价值或实践意义

所谓有理论价值,就是在以往的理论基础上,能提出一个新概念,或新观点,或新思想,或提出一个新的方法,或开辟了一个新的有价值的研究领域。例如,我在1988年写的硕士论文题为《六朝隋唐佛教藏书制度考》,当时的图书馆史研究中,佛教藏书已有一些零散成果,但尚缺乏全面、系统的研究。这个论文不能说是填补了佛教藏书方面的空白,只能说在当时图书馆史佛教藏书领域有了一个系统化的初步探索。所谓有实践意义(或称应用价值),就是研究的应用,可以改善实践局面,或提高效率,或克服弊端,或产生新效益。例如,如何利用 Web 2.0 技术在图书馆书目检索系统中增加读者评价功能,使读者能对阅读书籍给予品评、打分,而为更多的读者所参考。这就是一个有较好实践价值的论文选题。

图书馆学界有个痼疾,即是有些选题,偏爱采用"热门话题+图书馆工作"的模式[2]。如社会流行"低碳"概念,马上会出现类似"××图书馆低碳建设对策研究"、"创新低碳图书馆管理方法思索"等文章出来,这类文章很难有理论意义与现实价值。因为,文章的核心就是如何节约能源,图书馆是个电能高耗单位,许多能源浪费是馆舍设计与建筑不合理造成的,仅靠厉行节约也挽救不了大局。所以,写图书馆在运行中怎样节约能源来达到低碳效果,也是没有多大意义的。

此外,还有些研究选题看似有理论价值与实践意义,实则缺乏实践价值与意义。2011年,在社科基金项目的通讯评审中,有一申请课题为《不同养老模式下老年人日常生活信息查询行为及其生活质量相关性研究》,题目叠床架屋暂且不说,老年人信息查询行为与其生活质量存在正相关关系,这是经验就能证明了的事实,还有什么必要去实证一下？真正必要研究的是,政府与社会应如何向老年人提供更多更好的信息帮助,以促进老年人生活质量的提高。实证研究通常是证明事物之间未知的关系,已知的关系证明的价值不大。

2.1.2　自身对此选题要有兴趣

选题要契合自身的知识结构与特长。有的研究生本科学的文史专业,那么在文史方面有积累,知识结构偏文科,所以选择图书馆史或图书馆学史方面的研究领域,就会有兴趣。如果该研究生开发一个网络系统、专题数据库,就会感到吃力,也没有兴趣。即便是具有同样知识结构的研究生,思维特点可能也有差异。有的发散思维较强,可以进行多学科交叉研究,提出一些有价值的观点;有的收敛思维较好,专注一个问题并能深入下去,或许可以提出解决问题的高见。这两者都有可能通过好的选题来发挥自己的长处,正像英国社会学家迪安(Hartley Dean,1949—)所说,我们既需要那些漫无目的、随性而至地穿梭于不同思想之间的知识蝴蝶(intellectual butterflies),也需要具有强烈现实关怀、目标明确并且务实的知识喜鹊(intellectual magpies)[3]。

学术研究动机有两种,一种出自于学业考试、评职晋级等的现实需要,一种是好奇心与兴趣的驱使。兴趣是做学问很重要的因素,有兴趣才能产生想象力,没有兴趣是做不好研究的。当然,兴趣也是可以培养出来的。有的人最初对一个选题没有兴趣,但是做下去之后,渐渐就有了兴趣,这也是可造之材。

许多研究生因为跟随导师做课题,其硕士、博士论文选题最终也是导师课题某个内容形成的,这的确有一举双得之功。但是我在教学科研中慢慢发现,研究生选择硕、博士论文题目,还是应该知识结构第一,兴趣第二,外部条件第三。知识结构决定了兴趣,所以论文选题一定要吻合研究生自身的知识结构。外部条件指的是时间充裕程度、资料的充沛与易获得性等,如果这些条件不足,那也完不成论文。我不主张导师将研究生绑在自己课题的战车上,无论平时写文章,还是做毕业论文,选题都要来自导师课题未见得是适宜的。导师应该以学生为主位进行思考,看哪些选题与研究生的知识结构、学术兴趣、外部条件匹配。这样选出的选题,才真正有助于研究生的成长。

2.1.3　材料搜集的难易度适中

有些选题有理论或实践价值,材料也很多,但是做的人太多了,也就不要轻易进入了。如前些年的复合图书馆、数字参考咨询、图书馆知识管理、学术期刊开放存取、图书馆馆员素质培养等,已经被人们研究得"烂熟",要在这里找到鲜为人知的东西,提出新的见解已经很难。

有些选题属于所谓的前沿课题,其研究方向刚被人们所关注,按理说很有选择价值,但是相关材料很少,那也应该谨慎进入。比如,2000年以来,丹麦、匈牙利等国家的非政府组织(non-governmental organization,NGO)推出了一种叫"真人图书馆"(living library)的活动,后来一些图书馆开始推广这个活动,借阅起"真人书"(living books)。读者可以与真人书进行双向交谈,感知真人书丰富的生活经验。国外图书馆提供的真人书除了有警察、穆斯林、女权主义者,还有同性恋、艾滋病患者等弱势群体;服务场地可以移动,既可以在图书馆里,也可以在咖啡馆、音乐会场、艺术展览场馆等。从知识资源的角度看,真人书与文献信息不同,不是固态资源而是一种动态资源;从服务功效的角度看,真人书提供的不是显知识的单向流通服务,而是隐知识的双向流通。图书馆借鉴真人图书馆服务形式,有助于开发读者知识资源,增强身心活力,扩大服务功能,为社会拓展公共知识空间。所以,以"真人图书馆服务"作为研究生的毕业论文题目,应该是很好的选题。但是,这方面的国外文献资料经普查只有几十篇,数量较少。也就是说,现有的文献资料不足以支撑这个研究深入下去,可能仅适宜写成单篇文章,作为博士生毕业论文就有些分量不够。

2.1.4 研究、写作时间较宽裕

目前北京大学图书馆学专业的研究生培养制度为例,硕士研究生攻读时间为2年,博士研究生攻读时间为4年。硕士研究生的毕业论文的选题最好在第一学期末选好,博士研究生的毕业论文选题要在第一学年底、第二学年初明确。即使题目定不下来,至少要将研究领域划定,这样才能有充裕的时间保障毕业论文的写作进度,保障论文的写作质量。有人说,硕士、博士研究生第一年的课程太多,没有时间考虑毕业论文。此话不完全对,我说的是选题,意思是要在这段时间与导师沟通,选好自己做研究的方向与领域。课程多、作业多,但是这不影响研究生思考自己的选题。有了选题就会留意这方面的资料,甚至写某门课程作业时,还可以与选题结合起来,为自己日后着手做毕业论文打些基础。

有些研究生因为选题定得太晚,没有时间从容做研究,所以只能东拼西凑,甚至出现抄袭的情况。如果不想敷衍,还要认真,那就要进入一场炼狱。许多研究生在快毕业的时候才考虑毕业论文,这时还要找工作,两件大事撞在一起,压力甚大。论文写不好不说,还有可能影响就业。所以我主张研究生要及早与导师沟通,尽快选定题目,以保障有较宽裕的研究、写作时间。写毕业论文要与找工作"错峰",写论文在前,找工作在后。哪怕论文完成了大半,找工作时学业上的心理压力也小多了。

经常有研究生选题确定之后,因难以深入而转换新的选题,这就更要考虑时间因素了。转换选题不是不可以,但时间是否充裕,是否具有可操作性,一定要搞清楚才行。一般与原选题有邻接关系的选题容易转换,也节省时间。如果时间不足,那么转换选题也是风险极大的。

2.2 选题要处理好的关系

2.2.1 "有用"与"无用"的关系

如果你选图书馆学研究对象的命题来做研究,或许会遭到人们的议论,说这是无用之学。图书馆学界就有人讥讽从事研究对象的研究是"搞对象"(当然说这些话的人可能没有写过图书馆学研究对象的文章)。《庄子·内篇·人世间第四》有云:"桂可食,故伐之;漆可用,故割之。人皆知有用之用,而莫知无用之用也。"[4]梁启超也曾说过:"夫用之云者,以所用为目的,学问则为达此目的之一手段也。为学问而治学问者,学问即目的,故更无有用无用之可言。""凡学问之为物,实应离'致用'之意味而独立生存,真所谓'正其谊不谋其利,明其道不计其功'。质言之,则有'书呆子',然后有学问也。"[5]因此,强调学术研究"有用"者,都是有现实功利心的,而真正的学者是没有现实功利心,不期待着某种有形回报的,正如爱因斯坦所言,"科学家所得到的报酬是在于昂利·彭加勒所说的理解的乐趣,而不在于他的任何发现可以导致应用的可能性。"[6]

从事图书馆学研究对象的探讨,有助于对图书馆学性质的认识,从整体上把握图书馆学的学科体系与范畴。换言之,对图书馆学"元问题"做过一番思考的人,在今后的研究生涯中会有较好的方向感,行进途中不至于走错路。钱穆先生言:"学问必有一对象。有关此一学问之知识,亦必有一来历。"[7]因此,研究对象的探讨其实是很必要的。有的人会说,我不搞对象研究,也在研究图书馆学,而且还取得了许多成就;搞对象研究的人也未见出什么大的成果。这个说法更加荒谬,就好像有人说,我不探讨人生意义也生活得很好,探讨人生意义的人活的未必如我。

有时"无用"现在看起来无用,以后反倒会有大用。就从功利的角度来看,有的文章选题看起来挺时髦、挺有用,但是属于过眼云烟,几年以后就没人阅读与引用了;有的文章选题看似没什么大用,但是过了几十年还有人提及和引用。研究那些"虚的"、"无用"的科学基本问题就像看远山的景色。爱因斯坦说,"凡是有知识的人都会高度赞赏我们这个世纪的科学成就,即使是只随便看一下科学在工业上的应用,也会有此感觉。可是如果记住科学的基本问题,对于它新近的成就就不会估计过高。这正象坐在火车里一样。要是我们只观察靠近轨道的东西,我们似乎是在急速地向前奔驰。但当我们注视到远处的山脉时,景色似乎就变化得非常慢。科学的基本问题也正是这样。"[8]

人的智慧有高下之分。综观古今中外,有的学者有千年的智慧(如孔子、孟子),有的学者有百年的智慧(如王国维、梁启超),有的学者有几十年的智慧,更多的只是有几年的智慧。大凡在无用之用上有阐发的、有创建的人,他的学术成果才被长期引说。

2.2.2 "创新"与"循旧"的关系

现在我们经常挂在口头的一个词汇是"创新"。2007年,我提出,学术创新应具有以下五种条件之一:① 因实践发展需要而发明一种新概念或提出一个新观点;② 获得了一种新的可作为实证根据的资料来源;③ 采用了一种新的研究方法;④ 开辟了一个新的有价值的研究领域;⑤ 创立了一种新的研究范式。具有上述任何一种情况都属于创新[9]。从另外一个角度来说,所谓学术创新实际上表现为学术"增新"或"拓新"。增新是指在原有的学术成果之上增加了新的学术含量;拓新是指开拓了一个前所未有的新的领域或方法(又叫"填补空白")。

例如,我们以前研究古籍版本,建立了古籍版本学,现在应该研究民国以来的书籍版本,建立现代图书版本学,这就属于拓新。再如,我们可以写一篇学术论文《从博士论文的选题看中国图书馆学研究的走向》,研究1994年图书馆学有博士学位毕业生开始到现在,一共有多少篇博士生论文面世,题目的选题都是些什么主题,涉及哪些领域,从中可以看出中国图书馆学高位研究的大致走向。这类文章情报学界的张进先生写过,主要描述了在1977—1994年美国图书馆学、情报学博士毕业论文,分别处于前十位的研究主题是什么,以及这些领域的研究走势[10]。但是,这在图书馆学界还没有系统研究,因此写这样一篇文章就属于"拓新"。

另外还要提到一点,有人认为学术研究做新题目才有可能实现学术创新,这也是不对的。学无新旧,学术成果的价值来源于内容的创新。时下"学术创新"云云恰如夜晚河边"蛙声一片",此起彼伏。人们忽略了要想开新、创新,先要问旧、循旧才行。根底既固,枝叶遂繁。新东西总是长在旧东西身上并以其为母体的。只有充分吸吮了母体的营养,它才能渐渐顶出新颖、生机的部分,进而脱离母体,向给予孕育自身的母体进行恋恋难舍的告别。所以,想要进行学术创新,首先必须做一下学术史研究,好好研究一下过去已有的东西。没有良好学术史上的积累,就像失去母体的营养,那是难以做出新东西的。

创新引起的学术界的呼应、共鸣,会促进学术繁荣;然而创新所带动的大量模仿则会导致学术泡沫的形成。

2.2.3 "前沿"与"非前沿"的关系

学术前沿,一般是指学术界聚焦的新话题、新热点。前沿选题不仅有新颖性,而且是处于研究领域前列、迫切需要加强研究的选题。如国家社科基金委在征集2005年度课题指南时,我代表图书馆学专业提交两个题目,其中一个是"弱势群体知识服务的图书馆新制度建设"。因为当时社会各界开始呼吁关注弱势群体,我意识到图书馆作为公益事业也应该对弱势群体有所援助,有所作为,这也会成为图书馆学界逐渐关注的热点、前沿。后来,2005年的国家社会科学基金的指南目录里选用了这个题目。

追逐学术前沿有时容易蹈入"跟风"的陷阱。史学家陈寅恪先生强调做学问要有"预流"意识(借佛教用语指提前进入新学术潮流)。如果你不是理性"预流"而是盲目"逐流"的话,那就适得其反了。这方面的实例不胜枚举,大家也都见得多了。

有些研究领域或项目看似属于非前沿,但却很有价值。如我的博士论文选题是《杜定友和中国图书馆学》,当时征求一些前辈的意见,有人善意地提醒我:你为什么不选一个学术前沿的题目? 在他眼里,学术史方面的东西都不算前沿选题。但是,中国图书馆学史多年来就是一个边缘化的薄弱环节,没有几部系统研究的著作。我们这个学科良好的学术传统、丰厚的学术积淀,很少有人知晓。众多图书馆学子数典忘祖,对过去的历史一无所知。其实,图书馆学史研究是进入图书馆学研究生涯的第一步,只有详细了解了本学科的历史,才能建立起良好的研究感觉,不走弯路。图书馆学史这个"非前沿"的领域蕴藏的学术价值绝不可小觑。有些人不愿意进入这样的领域来研究,主要还是不愿意钻故纸堆、坐冷板凳。

要处理好选题的几个关系,应牢记王国维的几句话。早在1911年,王国维曾撰文说过,"学之义不明于天下久矣。今之言学者,有新旧之争,有中西之争,有有用之学与无用之学之争。余正告天下曰:学无新旧也,无中西也,无有用无用也。凡立此名者,均不学之徒,即学焉而未尝知学者也。"[11]

2.3 选题的方法

2.3.1 先要划定出来一个研究领域

研究者选定研究领域,实际就是给自己划定一个研究空间。法国社会学家皮埃尔·布迪厄(Pierre Bourdieu,1930—2002)认为,在一项研究中"你往往会从一个空间中把你所研究的对象(例如,一所特定的精英学校)孤立出来。如果这样,那么你就必须努力勾划出这个对象所在的空间来,如果缺乏更好的信息,就不惜使用二手材料,也要对这个空间有大致的了解。"[12] 如果你文史功底较好,对学术史方面的资料比较熟悉,那么就可以将自己的研究领域划定在图书馆学史或图书馆史领域,然后再考虑细化;如果你外语功底较好,也可以选择外国图书馆事业或中外图书馆学比较研究;如果你有法学的知识背景,那么就可以研究涉及法律知识的图书馆及知识产权问题;如果你计算机编程能力强,也可以选择开发图书馆数据库系统或企业管理的应用平台。

确定研究领域,可能是主动性的、由自己提出的,也可能是被动性的、由指导老师提出的。自己主动寻找出来的研究领域,长处是能契合自身的思维特点、知识结构、学术积累乃至问学旨趣。但是,有时自己选定的研究领域被导师否掉了,苦思冥想之后再也找不到一个合适的研究领域。此时,导师指定研究领域,不妨可以一试。当然,被动地选定研究领域优点是可以确保选题的理论价值、实践意义,但是能否和你自身的思维特点、知识结构、学术积累以及问学旨趣相结合,那就说不定了。有的时候,尽管导师定的研究领域是个宝藏,但是你迟迟不知如何下手进入开掘,那这个领域可能也并不适合你。尤其是导师正在做课题,他切出来一块叫你做,将你绑在导师课题的战车上,这个时候也许你会痛苦不堪。所以,确定研究领域最好发挥自己的主动性。

2.3.2 在研究领域中再确定出研究主题

研究领域确定了,剩下的就是要细化,进一步确定研究主题。例如你确定的研究领域是"图书馆史",那你就要再细化一下,研究的是中国图书馆史,还是外国图书馆史?研究中国图书馆史的话,是研究古代图书馆史,还是研究近现代图书馆史?如研究古代图书馆史,你是搞通史还是断代史?是研究官府藏书还是私人藏书(或寺观藏书、书院藏书)?这些都要一步一步地细化,最后确定出你所要研究的明确地界在哪里。

经常有这样的情况发生,就是有的博士生选题确定了,在开题报告时才发现题目太大了,不好驾驭。如确定选题为"中国古代图书馆史研究",要从古到今,涉及官府、私人、寺观、书院藏书诸多领域。假设博士论文有20万字,那么在哪一部分都很难写得深入,最后的形态就像一部教科书,章节不少但都是浅尝辄止。这里有个关键的问题,图书馆史的教科书已经有好几部了,如果使用的材料都是"大路货",观点也是通行的,整体上不能对这些教材有所超越,那么博士论文就是失败的。所以,要量力而行,题目不能太大。研究中国古代图书馆史,我觉得可以按不同年代、藏书方法、藏书目的进行细分,如"晚清江浙私人藏书研究""明清书院藏书研究"等这样的题目既有学术价值,也具有较好的可操作性。

2.3.3 在研究主题中厘定研究范畴与边界

研究主题确定了,并不是意味着研究范畴与边界就明确了。例如,一篇名为《魏晋南北朝编辑思想研究》的论文,作者界定"古代编辑活动"时说:"古代编辑活动主要表现在对已有作品和资料的整理、加工活动中,包括鉴审、选择、修改、加工、编次、编校、定型等工作。"[13]论文探讨了总集中萧统《文选》、徐陵《玉台新咏》以及部分别集的编辑体例及思想,这都是没有问题的。但是,由于作者没有将"编辑"与"著述"、"编纂"、"校注"、"注释"、"翻译"等相关概念进行厘定,划出"古代编辑活动"应有的合理范畴与边界,竟然将陈寿作《三国志》、范晔作《后汉书》、刘义庆作《世说新语》、王弼作《周易注》、裴松之作《三国志注》、郦道元作《水经注》,乃至释道安编《综理众经目录》、鸠摩罗什翻译佛经也算作是图书编辑,进而探讨他们的编辑思想,这就混淆问题了。论文作者忽略了一个核心的事实:著述活动是"无中生有",而编辑活动是"对有做手脚"。所以,选题过程中如果不能合理确定研究边界,将会犯灾难性的错误。

划定研究范畴与边界的方法很简单,那就是要将研究主题转换为中心词(关键词),将其与相关或相似的概念、语词进行比较、辨析,然后建立自己的理论框架及范畴。有了理论框架及范畴,就像选定、划清了自己的家园。有了家园才能往里面搬运东西,而且这些东西才能属于自己。

2.3.4 提出问题或建立假设

确定研究主题的同时,要考虑到"你研究这个题目想解决什么问题",这就是提出问题。例如我们要研究读书会,至少我们可以提出以下需要考虑的问题:

(1) 读书会是一种什么性质的组织,如属于一种社会自助组织吗?

(2) 读书会有哪些功能,在信息知识传递、社会资本拓展、社会教育提升等方面都有作用吗?

(3) 读书会都有哪些类型,是否可以分公益性或经营性的,专业组织的与大众自由组织的,面对面在场的或网络虚拟等类型?

(4) 国内外的读书会有什么不同发展特点?

(5) 维持读书会长期运行的基本机制是什么,哪种机制是有效的?

(6) 图书馆如何通过读书会进行阅读推广,用什么合作方式,采用什么具体方法?

(7) 在网络新媒体条件下读书会会有怎样的发展?

将以上问题分头研究,并试图给予一个清晰的解答,一篇图书馆学的学位论文的选题大纲也就基本上呼之欲出了。

除了善于提出问题,还有一种有效的方法是,确定研究主题的同时要做出一个(或一组)研究假设。假设(hypothesis)是根据有限的事实材料,对所研究事物的本质或规律提出的一种初步设想,具体来说指的就是针对两个或两个以上的变量之间存在的关系所做的推断性论述。一个变量被假设为会对其他变量造成影响的,称为自变量(independent variable),另一个受影响并有所反应的变量称为因变量(dependent variable)[14]。例如以目前较为流行的微信为案例来研究网络社群,可以尝试着建立起一组假设,即在熟练使用智能手机的群体中:① 学历或专业水平越高的人,转发微信的频率越低,即二者关系成反比;② 学历或专业水平越高的人,手机上的微信群数量越少,二者关系也成反比等等。其中要测量的自变量就是"学历或专业水平"(专业水平可以用职称替代),而要测量的因变量就是"转发微信的频率"、"微信群数量"。有了这样的假设,我们就可以通过实证研究去检验这种假设是否成立,并揭示该命题之所以成立的背后原因。这个研究命题能构成一篇硕士论文的研究主体内容。

假设的作用是使得问题简单化,美国著名经济学家 N. 格雷戈里·曼昆(N. Gregory Mankiw,1958—)说:"假设可以使解释这个世界更为容易。"[15]如我们从小学过汉语拼音,知道每个音节由声母、韵母、声调构成。但"爱"、"安",就没有声母。那么我们是不是就不能说"每个音节都会有声、韵、调"? 而改说汉语音节有两类,一类是声、韵、调齐全,一类是只有韵母、声调。还是我们的先人聪明,他们不分两类,而是使用了一个"零声母"的概念(即假设),认为"爱"、"安"这些音节的头上也有声母,只是那是个零声母。有了这个假设,问题解释起来就简单多了,汉语的音节结构变得既简单又很有规律性了[16]。

经常有人问这样的问题:假设是怎么得来的? 我认为这是知识、经验累积到一定程度才能自然发生的。因为"在许多情况下,假设是研究者对变量之间存在的某种关系的直觉。"[17]

2.4 确定题目的注意事项

选题的确定不等于题目的确定。题目的确定如果没有难度,可以在选题确定后就定下来;如果有难度,那就不妨放一下,甚至可以在论文写出来之后再确定题目。

2.4.1 题目不能发生概念或逻辑歧义

在我参加的一些人文社科项目通讯评审中,发现许多申请课题的题目就存在概念或逻辑歧义的问题。如"农家书屋可持续发展及基层图书馆服务整合机制构建研究"，该题目研究的到底是以农家书屋为主，还是基层图书馆为主？重点是探讨"农家书屋可持续发展"，还是"基层图书馆服务整合机制构建"？另外，农家书屋包不包括在基层图书馆的范围里？还有一个项目题目为"高校图书馆对学生学业科研影响研究"，什么叫"学业科研"？难道"学业"不包括"科研"吗？大学生不仅要学习，也要做论文，这是"学业"的内容，为什么要将"学业"与"科研"并列出来？

再如，一位博士生的论文开题报告，选题为"顾廷龙文献学思想与成就研究"，但其写作大纲里仅包含了顾廷龙先生的图书馆学、书法方面的学术思想与贡献等，这就使人感到对应"文献学思想"这个范畴就有些窄了。另外题目中的"研究"两个字也显得多余。有一篇博士生论文题目为《大型文献数字化项目的信息组织研究》，内容是探讨文献数字化大型项目信息组织问题，但把"大型"放在"文献"前面，容易使人感到是在修饰"文献"，导致设定关键词时发生切词失误。

2.4.2 题目要简洁、明确、有美感

为了简洁，一般题目字数不要超过 20 个字。如"不同养老模式下老年人日常生活信息查询行为及其生活质量相关性研究"，题目有 31 个字，涉及了五六个概念。姑且不说内容如何，仅题目就是失败的。还有一例教育部的申请课题项目"图书馆学理论与方法在中国本土化研究"，可以直接称作"图书馆学的中国本土化研究"，如果执意加上"理论与方法"，那也应该称为"图书馆学理论与方法在中国的本土化"，或改成"图书馆学理论与方法的中国本土化研究"，这样都比原来的题目要准确、要好。2011 年 3 月参加某场博士生预答辩时，遇有一篇博士论文论述图书馆移动信息服务，题为《移动环境下面向用户需求的图书馆服务研究》，其中"移动环境"为多余，直接称为《图书馆移动信息服务研究》则显得简洁、准确。

有时不能为了追求简洁而伤及题目的明确性，如在题目中使用缩略语等。有一个博士生毕业论文的选题叫做"图书馆儿童早期阅读研究"，内容关于图书馆如何开发儿童的早期阅读。题目是较为简洁，但给人以有某些不确定的感觉，如果改为"图书馆儿童早期阅读服务研究"或"图书馆儿童早期阅读推广研究"，可能效果会更好。准确是简洁的前提。在追求简洁的时候，一定要以准确为基础。

2.4.3 题目要朴实不要做"标题党"

许多网民写文章，为吸引网友眼球而刻意取有标新立异的题目是可以理解的。但学术文章就万万不可如此，应以平实为主。如我觉得"图书馆学专门研究方法"这个概念有问题，撰写一篇研究文章，如果取名《奇怪的"图书馆学专门研究方法"》，或《"图书馆学专门研究方法"称谓应休矣》，或《"图书馆学专门研究方法"是个伪命题》等，这样可以吸引眼球，但是，这些题目都不好，如果取名《"图书馆学专

门研究方法"概念不能成立》就要平实些。当然,题目讲朴实并不是说就不需要精炼、准确、有新意。《中华读书报》2010年8月4日第15版登过李学勤先生的一篇文章《国学的主流是儒学,儒学的核心是经学》,标题使用了修辞学上的顶真(也叫"顶针"、"联珠")方法,一下子就把核心观点揭示出来了。这种题目简洁、有力、准确,实属不可多得。

2.4.4 题目不能落入俗套、盲目模仿

2005年以来,图书情报学界许多人写文章,题目里爱用"基于"两个字。一次随手翻阅专业刊物,看到《图书馆理论与实践》2010年第1期发表的32篇文章中就有6篇带"基于"的:《基于可持续发展理念的图书馆避灾体系构建研究》、《基于"核心书目"的藏书质量评价与分析》、《基于层次化模型的信息资产管理方法研究》、《基于VPN技术的西部地区图书馆信息资源共建共享方案研究》、《基于网络的多媒体数据库帮助系统制作及研究》、《基于六度分隔理论的乡村中学图书馆助建思考》。

我课上的一位学生写过一个作业,她在中国知网"信息科技"的子目录"图书情报与数字图书馆"类里,以篇名中包含"基于"为检索条件,以最早出现的1989年到2015年11月20日为检索条件进行查询,结果发现:在406,842篇图书情报领域论文中,带有"基于"题名样式的为17,178篇,总比例为4.22%。而且从2005年以后呈迅速扩张趋势,2015年带有"基于"题名文章的比例高达10.90%[18]。

不是说用"基于"不好,但泛滥成灾就有问题了。如某一国家社科基金申请项目名为"基于文献信息生产传播的数字出版与数字图书馆融合、互构研究",还有些文章标题为"基于图书馆个性化服务的几点认识和思考""基于高等师范院校图书馆的信息素养教育研究""基于网络环境下图书馆参考咨询工作的创新""基于捐赠的清华大学图书馆特藏建设"等,这些题目中去掉"基于"两字,或略加改动就会成为很好的题目,为什么要画蛇添足加"基于"? 更有甚者,"基于"前面还要加"试论"(如《试论基于按需出版模式的图书馆文献采访》),"叠床架屋"得厉害。

2.4.5 题目确定不出来,还可以搁置到最后

许多研究生确定了研究主题,但一时找不到好的题目来表达,可以先拟定一个初步的题目。如果连初步题目也不好拟定,那也可以暂时搁置起来。以我的体验为例,博士论文选题最初定的是研究现代图书馆学家杜定友,但是题目叫什么,很费了周折。《杜定友评传》肯定不行,那不符合博士论文的要求;《杜定友的图书馆学思想》也不好,局限性大,不能包含杜定友的年谱、他的图书馆实践活动等。到最后打印论文时,我脑海里突然跳出一个名称《杜定友和中国图书馆学》,这不正是我想要的题目吗? 跟导师一说,导师也觉得好,马上同意。

有过下围棋经验的人都知道,当你对棋盘上一块棋不知如何下子的时候,你可以"脱先"在别的地方走棋。下着下着,那块原来不知如何处理的棋子就忽然变得可以应对了。其实,我们生活中遇到一件事不知如何处理时,时间允许的话,也可以先搁置起来,过一两天乃至几天以后,可能一下子就有清晰应对的思路了。

参考文献

[1] 张五常.学术上的老人与海[M].北京:社会科学文献出版社,2001:4.

[2] 张莲芳.论图书馆学论文选题中存在的若干问题[J].才智,2009(3):271-272.

[3] [英]哈特利·迪安.社会政策学十讲[M].岳经纶,等译.上海:格致出版社,上海人民出版社,2009:6-7.

[4] 刘文典.庄子补正[M].赵峰,诸伟奇,点校.北京:中华书局,2015:上册,149.

[5] 梁启超.清代学术概论[M].北京:东方出版社,1996:45,90.

[6] 爱因斯坦.爱因斯坦文集:第3卷[M].许良英,等编译.北京:商务印书馆,1979:304.

[7] 钱穆.晚学盲言[M].北京:生活·读书·新知三联书店,2010:下册,899.

[8] 同[6].

[9] 王子舟.学术创新必先从学术史研究入手[J].图书情报工作,2007(3):5.

[10] 张进.图书馆学情报学博士论文(1977—1994年)调查与分析[J].情报学报,1997,16(3):163-173.

[11] 王国维.国学丛刊序[M]//王国维全集:第十四卷·诗文.杭州:浙江教育出版社,2010:129.

[12] [法]布迪厄,[美]华康德.实践与反思:反思社会学导引[M].李猛,李康,译.邓正来,校.北京:中央编译出版社,1998:356.

[13] 佚名.魏晋南北朝编辑思想研究[D].武汉大学信息管理学院,2011:12.

[14] [美]理查德·谢弗.社会学与生活[M].刘鹤群,房智慧,译.北京:世界图书出版公司北京公司,2008:37-39.

[15] [美]曼昆.经济学原理[M].梁小民,译.北京:北京大学出版社,1999:上册,21.

[16] 陆俭明.科学研究贵在创新,创新前提继承借鉴[M]//漆永祥.主编.北大中文系第一课.北京:北京大学出版社,2013:84-85.

[17] [英]朱迪思·贝尔.社会科学研究的基本规则[M].马经标,等译.4版.北京:北京大学出版社,2008:28.
[18] 涂志芳."青睐"还是"厌烦":图书情报领域"基于"样式的学术论文研究[J].图书馆论坛,2016(4):34-43.

第三章 研究综述的写法

进入一个研究领域、确定了一个选题,接下来的工作就是要了解该领域、该选题的研究状况如何,即做研究综述。研究综述(research synthesis)是归纳、总结某一时期、某一领域学术研究状况的著述,又称文献综述。"综"有归纳、综合的意思;"述"有分析、评述的意思。通过做研究综述,可以了解某一领域或选题已有哪些研究成果,梳理出现有研究进展是怎样演变过来的,明白其中主要成就与不足是什么,从而避免重复他人已有的工作,给自己寻找一个恰当的研究起点。

综述还有许多别称,如"概述"、"述评"、"动态"、"进展"、"研究现状"、"研究发展"等(某些题名带这些别称的文章,其内容与综述也许会有差异)。有时,某些"发展报告"之类的书籍中也隐含有研究综述,如《中国图书馆事业发展报告2009》[1]中"分报告七:图书馆学研究",实际上就是2008年图书馆学研究进展的综述。

3.1 综述的功用与价值

按照图书馆学专业用语,"综述"属于"三次文献",即按给定的课题,利用二次文献(如书目、索引)选择有关的一次文献(即原始文献)加以分析、综合而编写出来的专题报告或著述[2]。综述能对某一研究领域起到讨津溯源、描述现状、揭示热点、预测方向的功用,它为研究者产生原创思想打基础,其学术价值也不是某些人认为的仅仅是"为人之学"而已。

3.1.1 综述为原创思想打基础

任何学术研究都不能凭空而造,它们都是以前人成果为基础来进行的一种知识增量的推进、贡献。前人成果是研究者从事知识创新的基础、出发点,总结前人在某领域或某选题上有什么研究成果,他们用了怎样的方法,解决了何种问题,留下哪些未解决难题,这是不可回避的过程。故有学者指出,一篇优秀的文献综述其实就是一幅学术谱系图[3]。只有经过这样一个过程,研究者才能意识到自己提出的哪些观点、哪些理论可能属于原创,以及有多大的原创价值。研究综述属于学术研究的基础,基础不牢或浅薄,是不能建立起坚固的学术大厦的。

一篇好的研究综述,会向读者表明作者了解了某领域或选题的主要理论和方法,传递出作者的自信,也会给读者提供有关某领域或选题全部研究的一条清晰的逻辑研究线索,爽人耳目。好的研究综述甚至还向人传递出这样的信息:作者将在这个基础上可能会做出创新性的研究。

3.1.2 综述不仅是为人之学

有人认为研究综述没有原创性,它的学术价值不高。这个观点是不对的。过去学术界有人说学问有"为己之学、为人之学"。1984年,吴晓铃先生为王丽娜《中国古典小说戏曲名著在国外》作序尝言:"有为己之学,也有为人之学。皇皇巨著,动辄数十万言,有创见,有卓识,能发人之所覆,能排众之聚讼,此为己之学也。至若为人之学则上焉者不过注释、校勘,以至于目录、版本、索引、提要之属,所谓能者不屑就,无能者不能为者是。""能者之不屑就,盖工作繁琐,治丝益棼,挂一而漏万,费力不讨好也。无能者不能为,盖从事者需博闻多识,通数国语文,且尽穷年累月之功,始克有济,而终于不见得为人所赏也。"[4]按这个观点,综述属于"三次文献",当然要被列入"为人之学"了。但是,好的综述融进了作者的抽象、分析、评价等艰辛的智力贡献,将其划入"为人之学"也有委屈之处。

胡适先生对这个观点就做过批评。他说:"学术的工作有'为人'与'为己'两方面,此人所共知。其实这个区别甚不可靠。凡学术的训练方面皆是'为己';至于把自己的心得公开告人,才可以说是'为人'。今人以为做索引,编辞典,计算长历,校勘文字,编纂统计或图表,……是'为人'的学问(如陈援庵先生常说他的工作是'为人'的工作)。这是错的。此种工作皆是训练自己的作工本事,皆是'为己'的工夫。"[5]

因此,不要小看了综述。从研究层面上讲,"文献综述是一种对已取得的研究成果或研究文献进行的'再研究',属于'元研究'即'研究之研究'的范畴。"[6]由于起到了学术研究的基础作用,一篇高质量的综述,它的引用率还是较高的。因为不管初入该领域的研究者,还是在该领域有很深造诣的专家学者,都会对本领域的研究综述感兴趣,甚至甲领域的研究者,出自某种需求要在自己文章里涉及一下乙领域的研究状况,他也会首先寻找乙领域的研究综述来看看。所以,一篇高质量综述的读者数量有时会超过同主题的一篇原创性文章(这一点很值得通过实证研究证实一下)。

3.2 综述的文献搜集与整理

做研究综述要大量占有资料。袁行霈先生曾借用南宋词人张孝祥的《念奴娇·过洞庭》里"尽挹西江,细斟北斗,万象为宾客"的三句话来做比喻治学。"尽挹西江"是说要穷尽研究资料;"细斟北斗"是对资料详加辨析;"万象为宾客"则是把相关学科都用来为自己的研究服务[7]。"尽挹西江"是前提,做到"尽挹西江"才能写出一篇好的综述。所以,怎样才能搜集好资料,是写好综述的一个重要的命题。

3.2.1 确定概念框架以及文献范畴

理论是依据概念构建起来的。我们可以把已经确定了的研究领域或选题,用几个主要概念(关键词)表述出来,这样就得出了"概念框架"[8]。有了"概念框架"我们就可以找到恰当的文献检索词,圈定我们要查找的文献范畴,在检索文献时实现较高的查全率、查准率。

例如,我们写图书馆延伸服务方面的研究综述,首先可以确定"概念框架"为:"图书馆＋延伸服务"、"图书馆＋特殊服务"、"图书馆服务发展"等,然后使用运算符"和"(and)与"或者"(or)把它们组成检索词,通过中国知网等全文数据库去进行文献查询。

例如,写一篇《图书馆为残疾人服务的研究综述》,其"概念框架"主要是由"图书馆＋残疾人"、"图书馆＋弱势群体"、"图书馆服务＋特殊群体"、"图书馆＋盲人"、"图书馆＋无障碍"、"图书馆＋有声读物"、"图书馆员＋手语"等构成的,经过文献检索,筛除重复文献,就可搜集全了相关论文。

另外,在搜索引擎上使用这些检索词,还可以搜出所需要的新闻报道、论坛文章、博客贴文、政府文件、图书信息等相关资料。

3.2.2 注重相关、相近文献的联系

撰写某一领域或选题的研究综述,有时也要考虑其相关或相近的研究领域是否会出现应该收录的文献资料。如写《图书馆为残疾人服务的研究综述》,除了上述选定的"概念框架"之外,还要按照"残疾人＋阅读"、"残疾人＋康复"等检索词来进行检索,否则戴文杰的《残疾人书架》(中国专利:CN201248488,2009-06-03)、王树彬的《盲人用品用具概述》(医学论文)等有参考价值的资料就有可能被忽略了。

再如,我们知道图书馆"延伸服务"的概念是从其他行业里移植过来的。所以,了解"延伸服务"在其他领域里如何兴起的,它在其他领域里确指的含义是什么,有助于我们给"图书馆延伸服务"下一个准确的定义。因此,除了使用"图书馆＋延伸服务"、"图书馆＋特殊服务"、"图书馆服务发展"等检索词外,还要直接以"延伸服务"为检索词来扩大检索范畴,尽管这样会增加巨大的信息量以及冗余信息。

事实上通过检索我们得知,早在 20 世纪 90 年代初,邮电行业已经提出延伸服务的概念并有过实践(如快递业务)。1995 年以后,各行各业开始提倡延伸服务,质检、法院、银行、税务、工商、医院、交通、广电、保险等都开展起了各种各样的延伸服务,图书馆也开始提倡延伸服务。2007 年 5 月全国公共图书馆延伸服务经验交流会在天津召开,2008 年 6 月上海举办了上海市公共图书馆延伸服务研讨会,这

之后有关"图书馆延伸服务"的研究著述开始多了起来。如果我们在写综述时,将这些背景性资料加进并简单叙述,那就会增加综述的含金量。

3.2.3 将检索到的文献进行整理、细读

写一篇列有 50 条参考文献的研究综述,作者初期搜集并阅读过的文献可能要高于实际列出的十倍以上。所以,对检索到的文献进行整理、细读,是一个工作量极大、十分艰苦的过程。围绕某主题搜集到大量文献后,从资料的整理到初步的写作可以分以下五个步骤:

第一步,设定出相应的分主题词(用作分节或分题,参见 3.4.2 节里的内容),按照不同的分主题词建立文件夹,然后将所收集到的文献按分主题词归类,分别放到不同分主题词的文件夹内,并按照文章发表年代排出先后次序;

第二步,按照每个文件夹逐个阅读文献,并提炼出每篇文献的主要观点、新的增量知识点等,记录在阅读笔记之中,同时详细注明文献出处以备用;

第三步,在同一分主题词的文件夹内,挑选出内容翔实、有较高学术水准的代表性文献(包括作者有较高学术声望、发表刊物影响力大、引用率较高的文献),做出记号(如加上"＊＊""＊"号,表示优、良等级)以与一般文献相区别;

第四步,对代表性文献再进行细读,找出同一分主题词重点文献之间的承袭关系、各自的学术贡献(或者不足之处)等,作出扼要的分析与评述;

第五步,按照不同分主题词来写草稿,代表性文献要做重点介绍,一般文献做一般介绍。

3.3 综述的写作方法

在研究综述的写作过程,有以下几点要引起特别注意。这几点如果做不到位,就会影响到研究综述的学术质量。

3.3.1 避免失漏

一篇综述,通常是针对某一研究领域进行的全面总结。所以写综述,不能忽略任何一篇该领域中的重要的文献(如发表有新观点或新材料、新方法的著述)。如果疏漏较多,那么这篇综述就不具有了客观性,甚至被人质疑丧失了中立立场,其学术价值就归零了。如《中国图书馆事业发展报告 2009》中"分报告七:图书馆学研究"的简短前言:

> 2008 年,伴随着我国图书馆事业的不断进步,图书馆学研究延续了前几年良好的发展态势,又取得了许多新的成果。……从中国期刊网(CNKI)

"图书馆学、图书馆事业"专题数据库的收录情况看,2008年我国图书馆学研究的期刊论文就达18,468篇,比2007年的17,399篇增长了约6%;而在这18,468篇期刊论文中,共有"基金论文"(指由国家社会科学基金、国家自然科学基金等资助的研究课题论文)1,524篇,更是比2007年的1,174篇增长了约30%。这些成果涉及的研究领域主要有图书馆学基础理论、信息资源建设、信息资源组织、图书馆管理与服务、数字图书馆、图书馆法制等,下面分别加以叙述[9]。

从前言叙述看,这个报告仅以期刊论文为基本材料,不包含著作、译作、报刊文章、会议演讲等,显然该报告不能完全客观地显示出2008年国内图书馆学研究的概况,也伤及了这个发展报告自身的质量。

3.3.2 选取原文献

某一流行的新观点,可能存在于多篇论文之中。当介绍这一新观点时,就要尽量寻找出阐述该观点的原文献。例如,2007年以来,我国媒体上开始流行泛在网络(ubiquitous network)、泛在计算(ubiquitous computing)、泛在学习(ubiquitous learning)、泛在信息社会(ubiquitous information society)等词汇。图书馆学界也提出了"泛在图书馆"(ubiquitous library)的概念,而且国外除了泛在图书馆外,还有渗透性图书馆(pervasive library)、弥散式图书馆(diffuse library)等称谓[10]。假如要写有关泛在图书馆的研究综述,那么就要追寻"泛在图书馆"这个概念最初从何而来,它的产生背景是什么。郑永田《国外泛在图书馆理论与实践研究进展》[11]其中的一段文字,就对此做了较好的梳理:

"Ubiquitous"(泛在)一词来源于拉丁文"Ubique"(到处,处处),简明牛津英语词典网络版解释其为"处处呈现、出现或被发现"之意[4]。目前,国外图书馆学情报学领域还没有建立一个清晰的"泛在图书馆"概念体系。许多学者试图从各个角度去阐释这个新的词汇。1999年,Michael Keller用"泛在图书馆"这一词来描述对重要内容的网络检索[5];2003年韩国学者李恩奉(Lee Eung Bong)认为,泛在图书馆是用户能应用信息设备随时随地获得所需信息的数字图书馆,并且能够通过集成的有线或无线宽带网迅速提供相关信息[6]。同年12月,由Charless B. Lowry博士领导的团队直接将"泛在图书馆"作为马里兰大学图书馆未来五年发展的新导向,使"泛在图书馆"这一术语在校园里得到广泛传播[7]。……马里兰大学的Charless B. Lowry博士,他于2005年专门撰文理清"泛在图书馆"的概念,指出"泛在图书馆"是一个比虚拟图书馆、数字图书馆、电子图书馆更加贴切的定义未来图书馆的专业术语……

当然，某个作者某年撰文提出了一个新观点之后，他又在其后来的著述中不断地修正自己的观点，那在介绍该作者的观点时既要叙述其提出的时间，也要叙述其观点最终的完整内容，以及其观点的完整内容是怎样得来的、修正的。

3.3.3 综括与分析

综述不是简单罗列已阅文献，应该选其中有代表性的文献（或有创建、或有影响、或有其他参考价值的文献）进行综括概述。在对某一篇文献做揭示时，一定不能仅摘其摘要、段落等文字而成，一定要经过阅读、理解、提炼，用自己的语言形成高度的概括来表述。必要时才引用该文献中的原句原话。做这项工作，最为重要的是不能曲解原文献内容所表达的观点。

写研究综述，切记不能按时间顺序一条一条地罗列文献篇目及简介。因为这不是搬运物品，提供清单[12]。有人认为，写研究综述应该秉承"述而不评"的原则，即不对所介绍的文献进行分析、品评。我认为这种说法有些偏颇。介绍文献的主要观点时要客观、述而不评，但这篇文献与其他研究的关系、它在哪些地方有突破，就需要"述而评之"了。不过，"述而评之"应当简练，要追求一语中的的效果。有一篇《国内外图书馆心理学研究综述》[13]的文章在总结"阅读疗法"的研究时说：

> 早在1998年沈固朝就介绍了图书治疗的理论、研究和应用情况，概述英美图书馆员将阅读资料用作治疗工具的实践，并建议将图书治疗作为我国图书馆服务和图书馆学研究的一个新领域[33]。王波在对阅读疗法进行了十多年的潜心关注和研究，在多篇论文之后于2007年出版了《阅读疗法》一书，可以说是阅读疗法的集成者。该书……在梳理国内外众多术语之后对定义进行了规范，其次，尝试回答了阅读疗法的科学性问题。该书较大的缺陷是实证研究不足，具体实验数据的缺乏使得作者对阅读疗法科学性的阐释仍欠缺说服力，同时治疗效果怎样体现也无从回答[34]。
>
> 学者宫梅玲是一个阅读疗法指导馆员，在她发表的32篇文章中有多达19篇以阅读疗法为主题。其中不乏实验研究，她利用SCL-90量表对大学生进行实验，观察三个月的阅疗前后大学生的变化。实验显示阅读疗法对解决大学生心理问题及提高大学生心理健康水平是有效的[35]。

这篇综述文章在介绍完上述情况后指出，在国内"阅读疗法"研究领域里，"沈固朝是先行者，王波是集成者，其中有以宫梅玲为代表的实践型的研究者。"[14]这种叙评结合的综述简明勾勒出了阅读疗法研究的历史、现状以及发展。

3.3.4 完备引注

介绍某篇文献，一定要用脚注（即页下注）或夹注（文中注）、尾注（文后注）的方式,注明文献来源,这是写综述的一条重要规则。因为,完备的引注可以给读者提供进一步阅读参考文献的准确线索。有时,综述撰写者在介绍、评价甲文时,为了表示自身的中介、客观的立场,他引用乙文对甲文的评论语句,这当然也是可以的,但一定要将乙文的详细出处注明。决不能将乙文的语句当作自己的话而不标出引注,这样涉嫌抄袭与剽窃。

欧美国家有关引用标注的手册、指南之类的书籍很多,如美国的《芝加哥手册》(*The Chicago Manual of Style*)及其由凯特·图拉宾(Kate L. Turabian)主编的学生使用版本《研究论文、硕士学位论文与博士学位论文写作指南》(*A Manual for Writers of Research Papers, Theses, and Dissertations*)[15]。

我国则主要有国家标准《文后参考文献著录规则》等。《文后参考文献著录规则》(GB/T7714-1987)从 1987 年开始正式实施,2005 年经修订又出了新的《文后参考文献著录规则》(GB/T7714-2005),2015 年再重新修订,更名为《信息与文献 参考文献著录规则》(GB/T7714-2015)。下面略举几个按照最新标准规定的适用于脚注和尾注的主要著录格式与实例,以便读者掌握基本要求与方法:

1. 顺序编码制的参考文献著录规则[16]

顺序编码制(又称"引用-序列格式")要求正文中引文采用序号标注,参考文献按照引文序号对应排序。目前中文学术著述的写作,基本上以这种引文参考文献的标注体系为主。

(1) 专著著录格式:

主要责任者. 题名: 其他题名信息[文献类型标识/文献载体标识]. 其他责任者. 版本项. 出版地: 出版者, 出版年: 引用页码[引用日期]. 获取和访问路径. 数字对象唯一标识符。

专著著录格式实例:

[1][英]昂温 G,昂温 P S. 外国出版史[M]. 陈生铮,译. 北京:中国书籍出版社,1988.

[2]胡冲. 吴历[M]//陈寿. 三国志:卷二. 裴松之,注. 北京:中华书局,1959:89.

(2) 连续出版物中的析出文献著录格式:

析出文献主要责任者. 析出文献题名[文献类型标志/文献载体标识]. 连续出版物题名: 其他题名信息,年,卷(期): 页码[引用日期]. 获取和访问路径. 数字对象唯一标识符。

期刊和报纸中析出文章著录格式实例:

[1] 李晓东,张庆红,叶瑾琳.气候学研究的若干理论问题[J].北京大学学报(自然科学版),1999,35(1):101-106.

[2] 傅刚,赵承,李佳路.大风沙过后的思考[N].北京青年报,2000-04-12(14).

(3) 电子资源(电子书、电子报刊析出文献之外)著录格式：

　　主要责任者.题名:其他题名信息[文献类型标识/文献载体标识].出版地:出版者,出版年:引文页码(更新或修改日期)[引用日期].获取和访问路径.数字对象唯一标识符。

电子资源著录格式实例：

　　[1] PACS-L:the public-access computer systems forum[EB/OL].University of Houston Libraries,1989[1995-05-17].http://info.lib.uh.edu/pacsl.Html.

　　[2] 张舵.调查显示:手机阅读用户最愿为小说文学付费[EB/OL].新华网,(2010-03-30)[2010-04-04].http://news.xinhuanet.com/internet/2010-03/30/content-13271700.htm.

2. 著者-出版年制的参考文献著录规则[17]

著者-出版年制(也称"著者-时间格式")要求正文中引文采用"(著者,出版年)"方式标注,参考文献按照著者字顺和出版年排序。目前国外学术著述的写作,基本上以这种引文参考文献的标注体系为主,国内也有著述采用此种格式。

(1) 正文中在标注"(著者,出版年)"时,著者与出版年之间用","隔开。如果前文已经提到的著者,则后面的"()"内只著录出版年；引用多著者文献时,欧美著者只需标注第一著者的姓,其后附"et al.",中文著者在标注第一著者后附"等"字,姓氏与"et al." "等"之间留空隙；多次引用同一文献,要在正文中于"()"外以角标的形式著录出引文页码。以下是几个实例：

　　[1] The notion of an invisible college has been explored in the sciences(Crane,1972). Its absence among historians was noted by Stieg (1981)...

　　[2] 在访谈中,受访者在话语互动的情况下有时会不断修正自己的观点(李向平 等,2010)。

　　[3] 有的评论起到耕耘的作用,有的评论则起到收获的作用(维特根斯坦,2016)[148]。……文化是一种习惯,或至少是一种以习惯为前提的行为模式(维特根斯坦,2016)[156]。

（2）文后参考文献的著录，通常在著者后面就著录出版年；文后参考文献的排列，一般按照著者顺序（外文按字母顺序，中文按拼音或笔画顺序）排列。注意在排列同一著者同一年出版的多篇参考文献时，出版年后要用小写字母 a，b，c 等加以区别。以下是几个实例：

[1]［英］维特根斯坦，2016.文化与价值：维特根斯坦的思想星空［M］.许海峰，译.南京：江苏凤凰文艺出版社.

[2]黄宗忠，2003a.对图书馆定义的再思考［J］.图书馆学研究，（3）：2-10.

[3]黄宗忠，2003b.图书馆学体系的沿革与重构［J］.图书与情报，（3）：2-9，54.

在这里需要强调的是，虽然参考文献的著录规则、格式有多种，但某一专业领域或某一种学术期刊，通常都会使用一种固定的规则、格式，如图书馆学、情报学领域基本使用顺序编码制的规则、格式。有时，你在投稿时，接受稿件的期刊社要求你按照他们拟定的规则、格式来著录、排列参考文献，那你一定要予以遵守。

还有，在用英文写作并向国外期刊投稿时，也要遵循国外参考文献的著录与排列的规则、格式。例如在美国，通常人文社会科学使用的参考文献的著录与排列的规则、格式主要有三种[18]：

其一，在人文、社科领域通用的"芝加哥格式"（Chicage，因来源《芝加哥格式手册》而得名，也因凯特·图拉宾编写的学生用本被广泛使用而被称为"图拉宾格式"），它既适用于"引用-序列格式"，也适用于"著者-时间格式"，即在正文引用时可用上标（如^{12}），也可用"（著者 页码）"或"（著者，出版年）"的方式。

其二，主要应用于人文科学领域的"MLA 格式"（MLA 是美国现代语言协会 Modern Language Association 逐步建立起来并广泛应用于人文科学的引用格式）。其特点是在正文引用时使用"著者-页码格式"，如单一著者"（Ajami 12）"，或多文献"（Ajami 12；Bloom 15；Lipson 22-23）"，在文后参考文献著录格式上，题名一般用斜体字，如"Ajami, Fouad. *The Foreigner's Gift*：*The Americans, the Arabs, and the Iraqis in Iraq*. Hew York：Free Press, 2006. Print."[19]。

其三，主要应用于社会科学领域的"APA 格式"（APA 是美国心理学协会 American Psychological Association 的引用格式，它广泛被应用于心理学、教育学、工商管理以及其他社会科学领域），其特点是在正文引用时使用"著者-时间格式"，在文后参考文献著录格式上，著者之后紧跟着的是出版年，如"Lipson, C. (1991). Why are some international agreements informal? *International Organization*, 45, 495-538."而且，题名通常被当作一个句子，只有第一个单词的第一个字母大写[20]。

以上这些格式有几个共通之处:

一是凡在正文内用简单的标注方式,无论是为被引用文献做一个数字顺序的上标(如[12]),还是用"(著者 页码)"或"(著者,出版年)"的方式表示,最初出现的页下脚注或文后参考文献(即尾注),一定要是条详细的参考文献来源信息,以保障读者能找到完整的引用来源。

二是大多数文后排列参考文献的顺序,是按照著者字母顺序进行的,最常用的是"悬挂缩进"方式(不用于脚注、尾注),即每条被引文献的首行字词是普通页面长度,但其他行的字词则缩进[21]。如:

Chicage 与 MLA 格式:

Lipson, Charles. "Why Are Some International Agreements Infoumal?" *International Organization* 45 (Autumn 1991): 495-538.

APA 格式:

Lipson, C. (1991). "Why Are Some International Agreements Infoumal?" *International Organization*, 45, 495-538.

用"悬挂缩进"方式排列参考文献的优点是,能够使人在浏览参考文献时,首先看到著者的名字,并便捷地浏览著者所用资料的目录。但是如果使用数字顺序编号的方式排列参考文献,那么就不能用这种"悬挂缩进"的方式。

3.4 综述的文章结构

综述的文章一般由前言(包括缘起、目的等)、正文(可分诸多小节)、结语(总论性观点)、参考文献四个部分组成。

3.4.1 前言

主要介绍研究综述的缘起、内容范畴以及资料来源,一般短的有六七百字,长的有一千余字就可以了。如要写一篇《近五年图书馆志愿者研究综述》,前言的撰写应该包含以下内容:

(1)阐释"图书馆志愿者"的概念或含义,辨析其与相关概念的关系,如"图书馆志工"、"图书馆义工"、"义务馆员"、"图书馆之友"等,确定出研究范畴。

(2)提出检索文献所需要的概念框架,介绍检索出的文献数量、分布情况。这一环节最重要的是概念框架的确定,要保障检索文献的查全率、查准率,不能使得重要文献、代表性文献有所遗漏。

3.4.2 正文

正文的叙述一般要分题或分小节进行,因此要细化出所有分主题后,再进行写

作。仍以写《近五年图书馆志愿者研究综述》为例,主要内容可以包含以下小节或分主题:

(1) 国内外学者对图书馆志愿者的综合性研究,既包含理论也包含实践等各方面的论著或论文。

(2) 国内外图书馆志愿者的理论研究,如图书馆志愿者意义与功能(价值)、志愿者动机、志愿者精神、志愿者分类、志愿者性别与年龄、志愿者历史、志愿者发展趋势等。

(3) 国内外图书馆志愿者的实践研究,如志愿者的招募、志愿者的培训、志愿者的管理(包括成本管理、组织管理、活动管理等方面)、志愿者的激励机制等。

正文每节的文字叙述要逻辑清晰,如可以依分主题词分而述之。在列举研究成果时也可以先外国后中国,先主要文献后一般文献等,作者一定要做到心中有数、文中有序。

3.4.3 结语

结语是全文的总结,要将正文的主线进行收拢,并给予一定的意义揭示。结语的字数与前言一般适当对称,以六七百字为宜。但为了说明的需要,结语的叙述也可以适当增加字数,延长篇幅。以写《近五年图书馆志愿者研究综述》为例,结语应该包含以下内容:

(1) 勾勒出近五年图书馆志愿者研究的主要脉络或指出重点领域乃至热点。

(2) 归纳近五年图书馆志愿者研究的主要特点,即可以从研究主体、内容、形式(如论文、著作的出版量,会议召开的规模、数量及其影响等)等多方面进行归纳提炼。

(3) 对未来图书馆志愿者研究的趋势做大致的预测。

有些研究者在综述的"结语"中,重点总结现有研究的不足,并试图提出改进建议。这个倾向值得注意。结语一定是对现有研究情况的一个整体的概括,这是一种客观的揭示。一般要少做主观判断,不得不做主观判断时,则要小心谨慎。因为做出不足判断也许是不准确的。例如有一篇《近五年我国公共文化服务研究综述》的文章,"结语"中有一个结论称:"研究者普遍强调构建政府、文化事业单位、企业、社会等多元的参与体系,但实际上,研究者们对政府和图书馆主体的研究较多,而对其他文化事业单位(博物馆、档案馆、美术馆、文化馆等)、企业、第三部门和公民参与的专门性研究还很缺乏"[22],这个结论就不准确,这方面的研究成果其实是很多的。作者仅以"公共文化服务"做主题词在中国知网进行检索(共查出1,199篇文献),就必然漏检了许多相关文章。假如作者以"公共文化服务"做主题词进行检索后,再在结果中分别输入"博物馆"、"档案馆"、"美术馆"、"文化馆"、"企业"、

"社会组织"、"公民",乃至"民办博物馆"、"民办图书馆"、"民办美术馆"等进行二次检索,就还能查出 1,000 多篇相关文献。因此,作者不能说这方面的专门性研究还很缺乏。

3.4.4 参考文献

详列参考文献,在著录方式上要做到完备详细,如引用文字来源要标出著作、期刊的页码,报纸除了年月日,还要标出版次。参考文献的排列次序要按照引用顺序来确定。如果综述文章是毕业论文或课题中一部分,每页引用内容都做了脚注,那么文后可以不列参考文献;如果综述文章是单篇学术论文,那么参考文献通常要列在文后,即采用尾注的方式。综述的参考文献一般应控制在在四五十篇左右,不宜超过百篇[①]当然这也不是定例。

目前质量低劣的综述文章在某些学科已有泛滥趋势。如在旅游学("工商管理"下的二级学科)中,1996 年到 2005 年的 10 年中,中国知网上"旅游研究综述"的论文一共才有 76 篇,而 2006 年至 2010 年的 5 年里,"旅游研究综述"文献就暴增至 500 多篇,用"旅游"作关键词在中国知网进行检索,1996 年至 2005 年检索到 1,795 篇文章,2006 年至 2010 年检索到 3,455 篇文章,这说明在中国的旅游学研究中,综述研究已经处于一种过度的状态[23]。有的学术期刊编辑,把那些不得原始文献精义堆砌资料、排列流水账式的所谓研究综述,称为"伪综述"[24],并表示深受其害。如何才能避免这种快餐式的知识生产模式呢?一个最基本的要求是,综述写作者要对所研究领域的文献进行细读,要辨别出哪些是有原创价值、学术水平高的文章,哪些是原创价值、学术水平均一般的文章,哪些是毫无创建、简单重复劳动的文章,然后再择要而述。一篇好的研究综述也需要较长的写作时间,一两个月或者好几个月。几天、一周写成的研究综述,往往是速成的"伪综述"。

2016 年 3 月,我在中国知网上看到一篇《怎样写文献综述》[25]的文章,下载量竟然高达 22,000 多次,这说明许多人在写研究综述时,真是不知如何下手。建议初学写研究综述的研究生,可以找一些好的样本进行观摩、体会,如在本专业全文数据库中,检索出高影响因子学术期刊上发表的综述文章,以及高引用率、高下载量的研究综述来读。尽管这个方法并不科学,也不十分准确,但还是值得一试。除了看本专业刊物上的综述文章外,还可以找一些年鉴(《中国文化年鉴》、《中国图书馆年鉴》等)、杂志(《哲学动态》、《中国史研究动态》、《经济学动态》等),翻阅其中的

---

① 有学者选取 Elsevier 出版发行的 Journal of Informetrics(以下简称"JOI")期刊 2007—2012 年间发表的全部 350 篇论文的 XML 全文数据,通过引文统计发现,一般研究论文的引文篇数在 30 篇左右,研究综述多者也只有 100 余篇(胡志刚,陈超美,刘则渊,等. 从基于引文到基于引用:一种统计引文总被引次数的新方法[J]. 图书情报工作,2013(21):5-10.)。

综述文章。如中国社会科学院历史研究所主办的《中国史研究动态》杂志,是一个专门介绍海内外中国古代史研究状况及前沿问题的专业学术期刊,几乎每期都刊有数篇中国古代史某一断代或某一专题的研究综述,每篇字数约在1.2~1.4万字左右,里面不乏高学术质量的研究综述文章。这些综述文章的结构、正文小标题乃至内容的写法等,都可以参考、借鉴。

参考文献

[1] 中国图书馆学会,国家图书馆.中国图书馆事业发展报告2009[R].北京:国家图书馆出版社,2010.7.

[2] 中国大百科全书总编辑委员会《本卷》编辑委员会,中国大百科全书出版社编辑部.中国大百科全书·图书馆学情报学档案学[M].北京:中国大百科全书出版社,1993:356.

[3] 熊易寒.文献综述与学术谱系[J].读书,2007(4):82-84.

[4] 吴晓铃.《中国古典小说戏曲名著在国外》序[M]//王丽娜.中国古典小说戏曲名著在国外.上海:学林出版社,1988.

[5] 胡适致王重民(1943年5月30日)[M]//北京大学信息管理系,台北胡适纪念馆.胡适王重民先生往来书信集.北京:国家图书馆出版社,合肥:安徽教育出版社,2009:81.

[6] 李枭鹰.文献综述:学术创新的基石[J].学位与研究生教育,2011(9):38-41.

[7] 马自力.文学、文化、文明:马自力教授访谈录[J].文艺研究,2006(12):77-87.

[8] [英]朱迪思·贝尔.社会科学研究的基本规则[M].马经标,等译.北京:北京大学出版社,2008:90-92.

[9] 同[1],177-227.

[10] 张会田.泛在图书馆:如何从概念走向现实?[J].图书情报工作,2009,53(19):40-43,87.

[11] 郑永田.国外泛在图书馆理论与实践研究进展[J].图书馆杂志,2007,26(10):3-6.

[12] 杜晖,等.研究方法论:本科、硕士、博士生研究指南[M].北京:电子工业出版社,2010:67.

[13] 苏瑞竹,周佩.国内外图书馆心理学研究综述[J].图书情报知识,2009(5):111-116.

[14] 同[13].

[15] Kate L. Turabian. A Manual for Writers of Research Papers, Theses, and Dissertations[M]. 8th ed. Chicago: The University of Chicago Press, 2013.

[16] 著录格式主要参照:全国信息与文献标准化技术委员会.信息与文献 参考文献著录规则:GB/T7714-2015[S].北京:中国标准出版社,2015.5.

[17] 同[16].

[18] [美]利普森.正确引用:引用格式快速指南:MLA、APA、芝加哥、科技、学术及其他[M].邱云强,译.2版.北京:高等教育出版社,2013:6-9.

[19] 同[18],98-99.

[20] 同[18],153-155.

[21] 同[18],7-10.

[22] 苗美娟,刘兹恒.近五年我国公共文化服务研究综述[J].图书馆论坛,2016(2):35-42.

[23] 吕观盛.浅谈当前学术研究中的综述泛滥问题:以旅游研究领域为例[J].广西民族师范学院学报,2011(4):143-146.

[24] 常芳芳."伪综述"当止步[J].学理论,2015(6):142-143.

[25] 傅友,等.怎样写文献综述[J].农业图书情报学刊,2007(5):145-149.

第四章 理论文章的写法

4.1 理论研究的目的

理论(theory)是试图解释现象与行为时所做的一套叙述。理论的目的就是提出有效的解释与预测,如找出某些现象之间的关联性,以及阐释出某因素的改变会对其他变量带来怎样的影响[1]。一门学科的理论对应于它的实践领域具有以下功能:其一,发现实践中的问题并给予深刻解释,催生人们新的认识;其二,总结实践经验,提升人们的抽象认识能力;其三,预见实践发展路径及其趋势,对实践活动给予指导。

许多图书馆学专家声称他们不需要理论,但实质上他们还是有理论的。经济学家凯恩斯有句名言,"那些认为自己不受理论影响的当权的实务家往往恰是一些既往的经济学家的奴隶。"[2]换言之,那些声称不需要理论的图书馆专家们往往也是既往图书馆学家的奴隶。

4.2 好理论文章的条件

好理论应具备哪些条件呢?美国政治学教授 W. 菲利普斯·夏夫利(W. Phillips Shively,1942—)将好理论叫做"优美的理论",他认为"优美的理论"的三个标准:简明性、预测的准确性、重要性(即在政策研究取向中能解决迫切的实际问题,或在理论研究取向中能产生广泛而普遍的适用性)[3]。用美国科学哲学家托马斯·库恩(Thomas S. Kuhn,1922—1996)的话来说,好的理论要具有精确性、一致性、广泛性、简单性和富有成果性五个特征[4]。学者黄光国将"一致性"译为"融洽性","富有成果性"译为"成效性"[5]。

4.2.1 理论的精确性

所谓理论的精确性,一方面是指理论导出的推论应与观察或实验的结果符合,另一方面也要求理论的命题(包括概念的解释、使用)要在内涵与外延上有明确的边界。在科学史上,精确性(以及与其关联的真理性、客观性等概念)曾经是评价科学理论的主要标准。一个精确度不高的理论,尽管表述很完美,也不会被人们称之为好理论。

应该说，知识的不确定性、社会发展的不确定性都给理论发展追求精确性带来了相当大的难度。甚至人们还可能怀疑理论的精确性是不是能成为理论的禀赋。但不容否认的是，理论有了精确性，有助于理论完成构建过程并生成确定性内容，有助于获得人们的理解与接受，有助于指导实践并向应用领域转化。甚至库恩曾说：一种新理论、新范式与旧理论、旧范式竞争时，如果新理论、新范式在精确性方面比老的竞争者好得多，那么这种新理论、新范式就特别有希望成功[6]。

另外，好的理论思想或文章，不仅整体上结构紧密、具有精确性，拆分开来看，其个别成分也具有精确感。打个比方，好的理论就像一台出色的机器，在整体上它的运行十分良好，没有任何噪音，而且它在被拆卸擦洗的时候，你会发现它的零部件也是闪光精致的。

有一篇图书馆学硕士论文题目为《城市公共阅读服务研究》，摘要下面列出的关键词为"城市"、"公共阅读"、"公共服务"。什么是"公共阅读"？这个概念就缺乏精确性。阅读是私密性的个体活动，公共阅读是指什么？它对应的概念是"私人阅读"吗？听说过公共交通、公共场所、公共卫生、公共安全等这样偏正结构的词汇（中心词多为名词，很少动词），没有听说过公共学习、公共健身。当然，"公共阅读"这个概念不是不可以用（"阅读"在一定条件下可以作名词，"公共"与"阅读"可以组合），但是它不能称之为一个精确的概念。近年流行"公共阅读空间"的概念还说得过去（就是说"公共阅读服务"也还可以），因为它指的是公共的阅读空间或公共的阅读服务，"公共"在这里是形容词。可以说"大众阅读"、"全民阅读"，因为大众、全民可以做主语，而"公共阅读"中的"公共"又不能做主语。须知创造一个新概念那可是学术创新啊！专栏作家王晓渔（1978—）曾写过名为《重返公共阅读》的一本书，他定义"公共阅读"不是专业阅读的对立面，而是"与公民常识有关的阅读。"[7]这毕竟是个体创建自身观念的一种个性化表述，而不是在使用一个科学概念。

由上所述，可以得出这样一个结论：判断一个概念是否符合精确性原则，首先就是看其是否符合构词法，其次看其语义上是否存在模糊的、有多种解释的倾向。

4.2.2 理论的融洽性

融洽性不仅要求理论内部实现融洽，也要求与相关理论能实现融洽。比如图书馆学界提出的"图书馆学专门研究方法"这个概念，在其他学科里就没有对应性，即看不到有"经济学专门研究方法""管理学专门研究方法""教育学专门研究方法"等，这说明这个提法不能与其他学科的相关理论达成融洽与契合。

有时，移植其他学科的理论或方法时，也存在着其他学科的理论方法与图书馆学是否能够融洽的问题。例如，我在2003年将知识受众权利（即读者权利）写入图书馆学教材时，由于当时国家还没有图书馆法，于是我就从宪法精神和各种普通法

(如《消费者权益保护法》《教育法》)的规定中"迁移"出一些原则,用以确定知识受众(读者)所具有的合法权利,提出知识受众(读者)权利是知识受众在获取知识活动中所享有的权利。这些权利包括:平等获取知识权、自由选择知识权、知识信息知情权、知识服务保障权、批评建议和监督权等[8]。这五项具体权利的规定,一定要与其他法律的规定有协同性、融洽性。

4.2.3 理论的广泛性

好的理论应有广阔的视野,其推论能超出原有的说明范畴,适合于更多的分支理论或解释更多的现象。例如,在传统的图书馆资源观中,文献信息是图书馆的基本资源(以至于"文献资源建设"是图书馆学重要的学科分支),读者只是服务对象、资源的消耗者。但在新信息环境下,读者也应被视为图书馆的基本资源之一。2009年我和我的博士生撰文,在图书馆学界推广"读者资源"的概念,并将读者资源细化为读者知识资源、读者时间资源、读者关系资源、读者资产资源。我们认为这些读者资源的分支部分都具有重要的研究价值。从资源的属性上看,读者资源是一种活态资源,它具有平时处于隐性状态、资源流入不稳定、开发时需馆员高智力投入、需适当激励措施等特征。读者资源不是稀缺的,稀缺的是开发能力与智慧。图书馆应从增强图书馆软性建设、利用Web2.0新技术、培养学习型馆员和健全读者激励机制等方面加强读者资源建设[9]。

如果读者资源能像文献资源那样受到高度重视,那么"读者资源建设"就会发展为图书馆学的一个重要研究命题,其研究、应用领域也是十分广泛的。2010年9月,我还与博士生发表文章,专门探讨了读者知识资源——真人图书馆的开发问题[10]。这篇文章,可以看成是我们对读者资源研究的一个深化的成果。

4.2.4 理论的简单性

任何一种好理论最后都能化繁为简,并对复杂现象赋予秩序。世界很复杂,解释起来不容易,但是解释复杂世界的理论最后一定要追求简单,因为"复杂的世界以复杂的理论解释,其成功机会近于零。"[11]美国社会学家纽曼(William Lawrence Neuman,1950—)说过,衡量一个理论的优劣,可以使用"简约原则",即一个有影响力的理论应该是简单明了的。如果有同样两个有说服力的理论,其中那个简明扼要的理论属于上乘理论[12]。

追求简明、简洁是人类的天性。原始人用图腾表示一个族群是简约,我们说话有时省略词素(把"玫瑰花"省称"玫瑰")也是简约。我们在写作理论文章时应注意表述的简洁性。叔本华指出过,"真正的简约(Kurze)就是永远只说出值得说出的东西,读者自己能够想到的则不必无谓讨论和解释。"[13]图书馆学家刘国钧的文章

《什么是图书馆学》[14]就是一篇论述简洁的范文。该文不足五千字,但是要言不烦,对图书馆学一些基本问题做出了清晰的解释。虽然已经过去将近六十年,但该文已成为图书馆学的经典文献,成为图书馆学研究生的必读文章。

4.2.5 理论的成效性

成效性是指"理论应当产生出大量新的研究发现:就是说,应当揭示新的现象或已知现象之间的前所未知的关系。"[15]但是,图书馆学界有个不好的习惯,为了追求成效性,产生所谓的新发现,经常制造一些新的学科分支。人们忘记了开发一个新的研究领域,是有约束条件的。例如,犯罪心理学出现以后,人们发现证人在作证时,心理现象(如言过其实、乃至作伪证)也很值得研究,于是迁移出了证人心理学。我在思考文献资源建设这个命题时,发现读者也可以作为一种资源,于是迁移出了读者资源建设的理论,这些都是有约束条件的。可是,也有许多研究领域乃至研究分支的出现,不顾及约束条件,产生出的许多研究成果都是虚假的。

20世纪80年代以来,图书馆学界引进其他学科原理构建出了大量图书馆学分支科学名称,据于鸣镝先生统计,这种新分支科学名称多达119种[16]:

(1) 叫"图书馆××学"的,如有图书馆哲学、图书馆美学、图书馆心理学、图书馆传播学、图书馆教育学、图书馆管理学、图书馆职业学、图书馆保护学、图书馆工效学、图书馆时间学、图书馆环境学、图书馆人才学、图书馆建筑学、图书馆技术学、图书馆计量学、图书馆评价学等。

(2) 叫"××图书馆学"的,如有比较图书馆学、宏观图书馆学、抽象图书馆学、历史图书馆学、军事图书馆学、高校图书馆学、民族图书馆学、农业图书馆学、医学图书馆学、少儿图书馆学、制度图书馆学、专业图书馆学等。

这些新的图书馆学分支,鱼龙混杂,其中许多所谓的分支学科是根本难以成立的。正如于鸣镝先生讨论图书馆学研究时所说:"科学研究需要想象,需要联想,但不需要'胡思乱想'。"[17]

4.3 理论观点的引证方法

所有的理论研究是建立在前人成就的基础上向前推进的。如何在理论文章中正确地表述前人的观点,怎样评价前人应有的贡献,这不仅是在表明自己研究工作的沿袭关系,也是向读者交代自己学术贡献"份额"的必要前提。

借用美国学者保罗·赫尔纳迪(Paul Hernadi)的观点,引证前人学术观点的方法可以概括为说明(explication)、解释(explanation)、探索(exploration)三种方法[18]。

4.3.1 说明——"这个文本说了什么"

说明主要是对原始文本进行介绍性的概述，是一种还原文本内容的转译（reproductive translation），方法论上属于重现或重构（reconstruction）。对原始文本、原始观点的概述是否公正，依赖于研究者的态度及做法。通常，引证者要有"处于文本之下"的谦卑心态，才能保障尊重原始文本的意义[19]。研究者一旦对原始文本完成了说明，就要承担接受学术界的品评与质疑的责任。

图书馆学史上有个著名的例子，反映了"任意说明"的危害。刘国钧先生在《什么是图书馆学》（1957年）一文中说"图书馆学所研究的对象就是图书馆事业及其各个组成要素"[20]，后来的论文、著作、教材多称刘先生认为，图书馆学的研究对象就是图书馆事业的五个要素，将其表述为研究对象的"要素说"。这简直就是曲解。刘先生所谓的图书馆学研究对象，实际就是指图书馆事业。图书、读者、领导和干部、建筑与设备、工作方法等五个要素是"图书馆事业"的要素，它是人们研究图书馆事业时要深入下去的五个领域。所以，刘先生关于图书馆学研究对象的观点应该是典型的"事业说"。

这种误读的出现很值得我们进行一番"知识考古"。在20世纪50年代，把图书馆或图书馆事业当作图书馆学的研究对象已经是一种主流认识。当时苏联的图书馆学也是这样认识的[21]。刘国钧先生称"图书馆学所研究的对象就是图书馆事业及其各个组成要素"，关键在于他把图书馆事业的组成要素给提炼出来了，认为从这些要素去研究图书馆事业才更有效率，才能深入。这正是有别于他人的地方，是他的创新，因此受到广泛的注意。最初，1957年5月北京大学图书馆学系科学讨论会对刘先生的"要素"观点进行了集中讨论；后来到了"大批判"的阶段，许多人将"要素"观点当毒草，为了指称方便，就名之曰"要素论"，如1959年《首都图书馆进行关于批判资产阶级图书馆学术思想的学习》的报道里，就有了"五要素论"的提法[22]；刘国钧先生的文章是毒草，那么对毒草的任意解读、剪裁，还有谁会更加在乎呢？再后来，我们编教材时为了体例需要，即把不同的有关研究对象的认识按"某某说"来排列，刘先生的观点就被名之曰"要素说"，说刘先生认为对图书馆五要素进行研究，就构成了图书馆学的整体，终于把前面的"就是图书馆事业"几个字给人为弱化甚至隐匿掉了。

4.3.2 解释——"这个文本为什么这样说"

解释主要是对原始文本陈述背后隐藏的意义进行揭示，是一种处于文本之上的推论性解释探测（inferential detection），是研究者意图与原始文本意图之间的协商，方法论上属于解释、解构（deconstruction）。虽然解释是不确定的，但也不是无限的,要"合理解释"不要"过度解释"[23]。做到"合理解释",就要抱有"同情地理解",考虑到任何一个文本都是时代的产物,考虑到时代背景、地方环境、作者在支配关系中所处地位等因素的影响,较好地完成有价值的意义建构,即合理建构出了原始文本的隐藏意义。

例如,我在2000年提出了图书馆学的研究对象是知识集合的观点,认为"知识集合"是图书馆、各种工具书乃至数字化文献数据库等类现象的本质。研究知识的学科很多,如哲学、心理学、教育学等,但专门研究知识集合的学科只有图书馆学及其相应的学科(如目录学、辞书学、数据库管理)等,图书馆学应该把研究各种相应知识集合的学科整合在其内部,形成一个研究知识集合类现象的学科[24]。但有学者批评道:图书馆的本质是来自并属于图书馆这个特殊事物之内,它具有唯一性,知识集合既然是个类现象的本质,缺乏对图书馆的专指性,那就不能说是图书馆的本质。既然知识集合不是图书馆的本质,其就不能成为图书馆学的研究对象[25]。这种批评就没有解读出我当时文章中要拓展图书馆学研究范畴(包括数字图书馆等)、明晰图书馆学与其他社会科学边界的意图,也没有注意到我极力反对"机构图书馆学"的基本态度。

4.3.3 探索——我对这个文本的理解

探索主要是要求研究者代替原始文本的作者,把自己作为存在论的主动参与者(existential enactment),甚至自己成为一个作者去发现新的东西(与原始文本有一定的关联),方法论上属于一种替代文本的建造、建构(construction)[26]。如我在研究古代图书提要方法时感到,图书提要实际上就是一种是用简单文字撮述文献大要以揭示其内容的一种知识导读法。在中国古代,它们都是对某一单元文献内容进行浓缩、精炼而述其梗概的简短记录。古代提要主要有以下几体:叙录体、传录体、辑录体,这是文献学、目录学的定说。但是,我发现古代所谓"题解"也是一种提要,它与叙录等有很大不同,绝不是人们认为的只是提要的一种别称。"题解"专门用于解释作品题目的含义,以使读者能顺利"破门而入"。如汉代乐府诗《古诗为焦仲卿妻作》,初见于南朝陈徐陵编的《玉台新咏》。徐陵录此诗时已不知作者,但题目下面有一段文字说[27]:

> 汉末建安中,庐江府小吏焦仲卿妻刘氏,为仲卿母所遣,自誓不嫁。
> 其家逼之,乃没水而死。仲卿闻之,亦自缢于庭树。时人伤之,为诗云尔。

这段文字就是"题解"。由于这类提要放在作品题目之后,通常置于作品集中,没有汇集起来单独演成目录(唐代才有汇集著作,如吴兢的《乐府古题要解》),因此往往被人忽略了可以作为一种提要体例的意义。加之此类提要在唐代才流行开来,形成较晚,所以我把它看作是古代的第四体提要,并名之为"释录体"。"释录体"的命名不是很准确,但将其视为一种提要方法,也许就对古代提要三法形成了一个补充。

4.4 理论观点的论证方法

4.4.1 界定相关概念的方法

创作一篇完整的学术论文,应该包括以下几个步骤:① 定义问题,② 回顾文献,③ 建立假设,④ 选定研究设计、并搜集分析资料,⑤ 形成结论[28]。定义是思想的工具[29]。所谓定义问题,往往需要对研究主题的概念进行界定。因为概念是构成科学知识基本条件,离开了概念研究与界定就无法构建理论体系。例如,我们要研究图书馆的延伸服务,那么就要把"延伸服务""图书馆基础服务""图书馆延伸服务"这些相关概念界定出来。否则,你就会遇到以下困惑:属于图书馆正常开展的基础服务与图书馆开发的延伸服务之间的边界如何划分?近年来图书馆界试行的总分馆制是否属于延伸服务?延伸服务与创新服务、特色服务、个性化服务、自助服务等概念的关系是什么?

假如我们界定图书馆的延伸服务是图书馆在完成基础服务之上,利用本馆的文献、馆员、设备、馆舍、品牌影响力等各种资源优势,为读者提供的新增或深化的服务。那么,图书馆的延伸服务至少可以分为时间延伸、空间延伸、内容延伸三个维度。时间延伸主要是延长开馆时间(不过,时间延伸没有太大的弹性空间);空间延伸主要是设立流动书车、合作建基层服务站点、成立送书志愿者队伍等;内容延伸主要是介入读者文献利用过程、开发读者资源等。"延伸"针对已有服务而言,强调新的扩增性;"服务"具有非物质性,表现为行为过程。

界定出了"图书馆延伸服务"及其相关的概念,我们就会知道,① 图书馆的基础服务是在图书馆法或规范要求下开展的常规性服务工作,延伸服务则属于基础服务之上、之外的新开发的服务。延伸服务一定程度也可以转化为基础服务(如邮政部门的特快专递业务最初是延伸服务,但现在已经转化为基础服务内容了)。② 图书馆界试行的总分馆制是图书馆体制的一种改革、转化,意图是打破"一级政府办管一级图书馆"的僵化体制,加快实现图书馆的网状布局。虽然分馆建设与图书馆延伸服务有关联,但从基本性质上来说,它主要针对的是图书馆自身体制,而不是为读者新增或深化服务,因此不属于延伸服务范畴。③ 延伸服务与创新服务、特色服务、个性化服务、自助服务等概念是有交集的,但它们同时又是具有相对独立意义的概念①。

---

① 有关图书馆延伸服务的深度阅读,还可以进一步参考:陈克杰,主编. 图书馆延伸服务[M]. 上海:上海科学技术文献出版社,2009.8.

把握某种观念,首先要从探析概念入手;了解某种观念的变迁,也要从研究概念开始。因为概念是观念的条件、前提,不事先研究概念怎么就能知道观念? 历史上的任何一种观念,都是由一些概念(或关键词)组成的句子表达出来的思想。韦伯(Max Weber,1864—1920)晚年曾在《学术作为一种志业》的演讲中说,概念(Begriff)是"一切学问性的知识最重要的工具之一"[30],发现、使用概念(如灵魂、美、善、勇气等),是古希腊文化对人类理性发展的一个重要贡献,因为人类从此可以通过概念把握事物或事件的真实存在,形成有关确切知识,用于指导自身正确行事。贺麟也说过,逻辑方法的应用可用"据界说以思想"、"依原则而求知"两句话概括。所谓"据界说以思想",他解释:"界说就是对于所用的这些概念,或名词下定义。""一个人对于某一项学问有无学术上的贡献,就看他对于那门学问上的重要概念有无新的界说。伟大的哲学家就是界说大家。"[31]当然,下界说也不是件易事,你要先把握对象物的本性,于对象物有了深刻的认识才行。就像维特根斯坦(Ludwig Wittgenstein,1889—1951)所言:"产生新概念的劳动往往是痛苦的。"[32]

4.4.2 大胆假设、小心求证

理论文章可以分两类:理论居前与理论居后[33]。所谓"理论居前",是指研究者先设定一个假设,并通过一系列的研究论证来检验假设,属于理论证明,具有"发现"的功能;所谓"理论居后",是指研究者不做理论预设,而是从采集的数据、材料出发,通过研究论证得出理论总结,具有"解释"的作用。美国社会学家乔治·荷曼斯(George. C. Homens,1910—1989)在其《社会科学的本质》一书中提出:"任何一门社会科学都有两项重要的职责——发现(discovery)和解释(explanation)。有了发现才算科学,有了解释我们才能判断这门科学的成就有多大。"[34]

1. "理论居前"的研究特点

在"理论居前"的研究中,假设先行是这类文章的显著特色。胡适先生的名言"大胆的假设,小心的求证",就突显了假设(假说)的前置地位。什么是假设? 第二章里已经指出,假设是指针对两个或两个以上的变量之间存在的关系所做的推断性论述。如我们假设图书馆职业会有倦怠期,即进入该职业的人经历一定年限后会有倦怠感,那么接下来的问题就是图书馆职业的倦怠期是在什么时间出现? 倦怠期会出现哪些表现特点? 我们可将图书馆员入职时间作为自变量,不同工作年限对职业产生的情感变化为因变量,通过一定规模数量的馆员调查进行实证研究,去发现图书馆职业是否有倦怠期以及倦怠期的主要表征有哪些。假设就是前设,它是研究者从事研究的入门钥匙,因为有了前设,研究者才受到有关问题的吸引;前设及随之产生的问题是研究者建构理论的坚实基础[35]。

还有一种"理论居前"的文章,就是提出一种预测,然后通过对社会发展的某些迹象进行分析、论证。如2010年的"4·23读书日",在北京出版集团举行的"纸质阅读与数字阅读——世界图书和版权日京版集团第八届讲坛"上,我做了一个《随电纸书洪流走入数字阅读时代》[36]的演讲。我提出了一个观点:电脑阅读、手机阅读、电纸书阅读的三流合一,已宣告了数字阅读时代已经到来。理由是在新技术推动下,人们在固定场所、移动空间都能低成本、方便地阅读,数字阅读就会很快成为一种流行的生活方式。

以2010年作为数字阅读时代的元年,未来数字阅读时代纸质书籍的发展会遭遇什么命运呢?我接着提出了一个"时间表"与"路线图"。时间表是:再过20年我们大量阅读的媒介已经不是纸质书刊,而是电纸书等手持智能终端设备了。纸质书刊被边缘化乃至消失的路线图是:最先消失的是工具书,其次是报纸、期刊,然后是小说等消闲读物,最后是学术著作。我的理由是,工具书是翻检而不是连续阅读,报纸、杂志是浏览型的读物,内容以新闻为主,看完即弃。这类不需要连续阅读、反复阅读的纸质文献最早被淘汰;在需连续阅读的文献里,读完也就不会再翻的那些浅层内容的休闲、娱乐读物,接着也会消失,最后消失的是小众读者的学术著作,那些喜欢藏书、追求著作等身的学者们会成为抵制学术著作去纸化的最后堡垒。

我还通过几个实例,来论证数字阅读时代我们的生活会将发生的一些变化。如电子书包的普及会使小学生的肩上书包不再沉重;文人、学者的书房不再以藏书多、空间大为"炫耀",而将更加注重环境的艺术化、精致化;未来的图书馆的空间功能会更加丰富乃至多样化;人们的"泛在阅读"(ubiquitous reading,即无所不在的即时性阅读)会成为一种普遍现实。

预测类理论居前的文章,最大的风险是"测不准",而且"测不准"还是一个常见的状况,如20世纪80年代美国情报学家兰卡斯特(Frederick Wilfrid Lancaster,1933—2013)曾预言2000年世界进入无纸世界。不过,预测研究中所提发展趋势能被验证是正确的,或者所提发展预测引起了社会的高度警觉,这也就很有价值了。

2. "理论居后"的研究特点

在"理论居后"的研究中,诠释方法的运用是这类文章的特色。诠释学的目的就是将一个说不清的地方给弄得明白。好的诠释也是一个小心求证的过程。例如张政烺先生1945年发表的《＜王逸集＞牙签考证》[37]就是诠释方法应用得体的一篇版本目录学经典论文。

张政烺先生在黄浚《衡斋金石识小录》卷下第四十六页中见到一枚长方形的"汉王公逸象牙书签",上部有孔,可用来穿绳,正面有竖刻文字三行:"初元中,王公逸为校/书郎,著《楚辞章句》/及诔书、杂文二十一篇。"反面也有刻文三行:"又作《汉书》一百二十三/篇。子延寿,有俊才,/作《灵光殿赋》。"[38]该牙签字形古朴,体式在隶楷之间,当属魏晋或北朝时物。经过对比研究,张先生发现牙签上的文字与范晔《后汉书·文苑·王逸传》大致接近,唯牙签上的"初元"、《汉书》一百二十三篇",《后汉书》作"元初"、《汉诗》一百二十三篇"。

张政烺先生推断牙签上的纪年"初元"为笔误,《后汉书》的"元初"为正确(即东汉安帝刘祐有"元初"前后七年);然后旁征博引,以诸多文献记载为据,认为牙签上的"《汉书》一百二十三篇"中的"《汉书》"正确,而《后汉书》的"《汉诗》一百二十三篇"中的"《汉诗》"为误,即范晔著史时依据史料旧文有误所致,故使后代注解者对"《汉诗》"指何书皆不得解。张先生进一步论证曰:汉代编史,书名或称"书"、或称"记",二者还可以互换,故王逸"作《汉书》一百二十三篇"者,就是说王逸参与了《汉记》(《东观汉记》)一百二十三篇的编撰工作。张政烺说:"盖此事沈霾近千年,久无知者,今得以此牙签可以正范书之误,藉推知其涯略,信所谓'一字千金'者矣。"[39]

那么,这枚象牙书签上的文字为什么会与《后汉书·王逸传》文字相近呢?这枚刻字书签又有什么功用呢?张政烺先生论证道,牙签文字虽与《后汉书·王逸传》略同,但与范晔著史时依据史料旧文,属同源而彼此不相袭。《隋书·经籍志》载"梁有《王逸集》二卷,录一卷。亡。"[40]其中"录"即为撰集王逸著述之目录。古代目录叙述作者事迹,以为知人论世之资,故史家列传遂多取材于此,如《汉书》贾谊、董仲舒、东方朔等列传多取材于《别录》《七略》。所以牙签上的文字、《后汉书·王逸传》的文字应该都来源于此"录"。张先生指出:"若牙签者,则藏书之标帜,王逸父子文集同帙,而以此签悬于外,用省繙检舒卷之烦。其文乃自录中略出,亦犹《四库提要》之于《简明目录》矣。"[41]

张政烺先生接着又论道,范晔《后汉书·文苑传》中多载文人著作,详列其所著篇数,体制整齐,如出一式,实则范晔著史所依凭的文献源,与魏晋官方大力收集、编纂叙录(如郑默著《魏中经簿》、荀勖编《新撰文章家集叙》)有关。《史记》、《汉书》、《三国志》无《文苑传》,范晔创意为之。范晔所依据的资料来源应该是晋人荀勖所编《新撰文章家集叙》(即《三国志注》、《世说新语注》等征引时简称的《文章叙录》),范晔《文苑传》列举某人著作以及详列篇章数目,也多本于《文章叙录》。张先生说:"盖承初平、永嘉图籍焚丧,一代文献之足征者,亦谨此而已。"[42]至此,班固《汉书》、范晔《后汉书》中文人列传资料的文献来源得以厘清。

张政烺先生这篇文章以小见大,由浅入深,论据充分,分析透彻。其诠释之力不可谓不强。当然,写"理论居后"的文章,最忌讳的是观点先行、以论代史,即钱穆先生批评的"先立一见,然后搅扰群书以就我"[43]。

4.4.3 移植其他学科的原理或方法

2008年北京大学图书馆学博士研究生入学笔试中有一道题:"试谈公共图书

馆属于公益事业的理论依据是什么。"这道题就可以使用移植法,借鉴经济学中的公共物品理论来做阐释。经济学有私人物品、公共物品的概念,认为满足个人需要的物品或服务一般属于私人物品(private goods),如一件衣服、一块面包、一个钟点工的服务等,私人物品有效用上的可分割性、消费上的竞争性、受益上的排他性等性质;而公共物品(public goods)则是满足社会公共需求的物品(包括服务),它具有的是效用上的非分割性、消费上的非竞争性、受益上的非排他性以及外部收益性等特点,如表4-1所示。

表4-1 私人物品与公共物品消费特点比较

	私人物品	公共物品
1	可按消费者个体进行分割	作为整体在消费中不可分割
2	多一个消费者其边际费用大于零	多一个消费者其边际费用为零
3	一般只能由私人个体一次性消费	可同时多人多次共同消费
4	可以排除其他不付费的消费者	难以排除其他不付费的消费者
5	个人收益大于社会收益	社会收益大于个人收益
6	大多提供生产、生活的物质产品	更多的是提供精神产品或服务
7	容易衡量其产品、服务质量	难以衡量其产品、服务质量
8	主要由市场等进行配置	主要由政府进行配置

在现代社会中,国防、环保、天气预报等都是纯公共物品,知识或思想、见解、科学定律也属公共物品。知识或思想的公共物品性质,决定了专门以提供客观知识为己任的公共图书馆服务也成为了一种公共物品:

(1)读者从图书馆借走一本书或查到一条资料,表面上是可以分割的一个文献单元或知识单元,但这却是图书馆作为一个知识集合整体时才能提供的。因此读者接受的实际上是整个图书馆的服务,而不是一些可分割、可买卖的私人物品或服务。

(2)图书馆服务还具有非竞争性。如一个读者在接受图书馆服务时一般不会影响其他读者去获得图书馆服务。

(3)图书馆服务也具有非排他性。一方面图书馆消费有非排他性,即图书馆同时可以供一个以上的人共同消费(借阅);另一方面图书馆的收益也具有非排他性,即谁投资不见得谁受益,政府投资图书馆,但受益人却是人民大众。

(4)图书馆服务具有非物质生产性。公共物品一般很少提供满足人们基本需求的物质生活资料,更多的是提供满足人们高层次需求的服务,如图书馆提供的就是高层次精神需求的服务。

由于公共物品通常由全体纳税人委托公共权力机关(主要是政府)来提供,所以基础教育、公共交通、图书馆事业等都主要是政府来办,以福利形式提供给公众。公共图书馆创办主体主要是政府以及它提供免费服务的特性,就是由其公共物品性质决定的。公共图书馆作为公共物品,通过免费服务、自由借阅的方式体现知识平等、知识自由这两个公共价值的取向。

社会科学是一个有机整体。虽然社会科学分有许多领域或专业,但这不是由社会事实造成的,而是由人的认识的局限性来决定的。学科之间的交叉渗透、方法互借有助于推进学术创新。美国社会学家帕森斯(Talcott Parsons,1902—1979)指出,社会科学之间是相互联系的,"尤为重要的是,这些学科当中任何一门的内行,如果不掌握其他几门的起码知识,就不可能使科学研究达到高水平。伴生性特性出现的层次越高,就越是这样。一个社会学家没有心理学、经济学和政治学的知识,如同一个生物学家没有物理学和化学的知识一样,不能奢望在经验方面和理论方面做出令人满意的工作。"[44]

2001年诺贝尔经济学奖获得主、美国加利福尼亚州大学伯克利分校(UC Berkeley)经济学教授阿克洛夫(George Arthur Akerlof,1940—),大胆地把心理学、社会学和人类学等其他领域里的研究成果引入到经济学,扩展与增强了经济学对社会经济现象的解释能力。比如他利用认知心理学的原理提出,决策者在决策的时候对能够发生影响的身边显著或生动的事件会赋予很大的权重,而对身边不显著或不生动的事件则会赋予较小的权重,这可能会导致决策者的认知偏离真实情况,就像买汽车,买主已知同价位的甲牌小汽车质量要比乙牌小汽车要好,但一位老朋友告诉他说,使用中甲牌小汽车老出毛病,不断要修车或换零件,不胜其烦。最后买车人就有可能选择买了乙牌小汽车[45]。

阿克洛夫是因非对称信息市场研究上的贡献而获得诺奖的。在他看来,社会科学各学科、各领域之间应该是一个有机的统一体,是"大一统"的社会科学。他曾用这样的话表达他对借鉴其他学科资源的观点和态度:"就像法国的主厨烹饪法国菜,经济学家建立经济模型时所用的组成部件,受到了一些不成文规则的束缚。传统的法国烹饪不用海菜和生鱼,新古典经济学模型不运用心理学、人类学和社会学的研究成果作为行为假定。我反对束缚经济模型组件本质的任何规则。"[46]

爱因斯坦则更进一步地说过,"音乐和物理学领域中的研究工作在起源上是不同的,可是被共同的目标联系着,这就是对表达未知的东西的企求。它们的反应是不同的,可是它们互相补充着。"[47]

其实,中国传统学术是非常强调学术的整体性、系统性、融通性的。如宋代郑樵的"会通"思想,就是讲历史研究当能通古今之变、天下之理。现代科学因分工而取得了长足进步,但分科治学的弊端也是明显的。如按照分科治学的思维,诗歌、书法、绘画在文学艺术大类里分属于不同类别,但在中国传统学术认识中,上品画家的作品要诗、书、画三绝,缺一不可。在诗、书、画三者中,诗难于书,书又难于画,因为国画的上品是"意在笔先",诗、书皆以意为主[48]。

参考文献

[1] [美]理查德·谢弗.社会学与生活[M].刘鹤群,房智慧,译.北京:世界图书出版公司北京公司,2008:9.

[2] 转引自:麦克尔·爱德华兹.公民社会(上)[M]//王名,主编.中国非营利评论(第二卷).北京:社会科学文献出版社,2008:117.

[3] [美]W.菲利普斯·夏夫利.政治科学研究方法[M].8版.郭继光,等译.上海:上海人民出版社,2012:18-24.

[4] [美]托马斯·库恩.必要的张力:科学的传统和变革论文选[M].范岱年,纪树立,等译.北京:北京大学出版社,2004:313.

[5] 黄光国.社会科学的理路[M].北京:中国人民大学出版社,2006:134.

[6] [美]T.S.库恩.科学革命的结构[M].李宝恒,纪树立,译.上海:上海科学技术出版社,1980:127.

[7] 王晓渔.重返公共阅读[M].合肥:安徽教育出版社,2011:序言.

[8] 王子舟.图书馆学基础教程[M].武汉:武汉大学出版社,2003:162-168.

[9] 王子舟,吴汉华.读者既是图书馆的服务对象也是活态资源[J].图书馆杂志,2009(9):10-15,32.

[10] 吴汉华,王子舟.开发读者知识资源的新模式:真人图书馆[J].图书馆杂志,2010(9):21-26,77.

[11] 张五常.学术上的老人与海[M].北京:社会科学文献出版社,2001:24.

[12] [美]劳伦斯·纽曼,拉里·克罗伊格.社会工作研究方法:质性和定量方法的应用[M].刘梦,译.北京:中国人民大学出版社,2008:53.

[13] [德]叔本华.在潮流之后:叔本华读书随笔[M].韦启昌,译.北京:金城出版社,2012:72.

[14] 刘国钧.什么是图书馆学[J].中国科学院图书馆通讯,1957(1):1-5.

[15] 同[4].

[16] 于鸣镝.图书馆学实用研究法[M].北京:海洋出版社,2007:34-45.

[17] 同[16],45.

[18] [瑞典]芭芭拉·查尔尼娅维斯卡.社会科学研究中的叙事[M].鞠玉翠,等译.北京:北京师范大学出版社,2010:77-78.

[19] 同[18].

[20] 同[14].

[21] 苏联大百科全书总编辑委员会.苏联百科辞典[M].北京:时代出版社,1958:250.

[22] 首都图书馆辅导部.首都图书馆进行关于批判资产阶级图书馆学术思想的学习[J].图书馆学通讯,1959(3):18,30.
[23] 同[18].
[24] 王子舟.知识集合初论:对图书馆学研究对象的探索[J].中国图书馆学报,2000(4):7-12.
[25] 马恒通.关于"知识集合论"几个问题的探讨[J].图书情报工作,2002(2):116-121.
[26] 同[18].
[27] [陈]徐陵,编.玉台新咏笺注[M].吴兆宜,笺注.程琰,删补.穆克宏,点校.北京:中华书局,1985:上册,42-43.
[28] 同[1],36.
[29] [美]汤姆·G.帕尔默.实现自由:自由意志主义的理论、历史与实践[M].景朝亮,译.北京:法律出版社,2011:235.
[30] [德]韦伯.学术与政治:韦伯选集(Ⅰ)[M].钱永祥,等译.台北:远流出版事业股份有限公司,1991:147.
[31] 贺麟.文化与人生[M].北京:商务印书馆,2005:176-177.
[32] [英]路德维希·维特根斯坦.文化的价值[M].钱发平,编译.重庆:重庆出版社,2006:97.
[33] [英]朱迪思·贝尔.社会科学研究的基本规则[M].马经标,等译.北京:北京大学出版社,2008:90.
[34] [美]乔治·荷曼斯.社会科学的本质[M].杨念祖,译.台北:桂冠图书股份有限公司,1991:5.
[35] 陈向明.质的研究方法与社会科学研究[M].北京:教育科学出版社,2000:322.
[36] 王子舟.随电纸书洪流走入数字阅读时代[J].图书馆建设,2010(6):7-9.又转载于:郝振省,陈威,主编.中国阅读:全民阅读蓝皮书(第二卷)[R].北京:中国书籍出版社,2011:325-333.
[37] 张政烺.《王逸集》牙签考证//张政烺.文史丛考.北京:中华书局,2012:175-182.
[38] 黄濬,辑.衡斋金石识小录[M].影印本.北平:北平尊古斋,1935(民国二十四年):第二册,46.
[39] 同[37].
[40] [唐]魏征,令狐德棻.隋书:卷三十五·经籍志四[M].北京:中华书局,1973:1057-1058.

[41] 同[37].

[42] 同[37].

[43] 钱穆.中国近三百年学术史[M].台北：商务印书馆,1980：下册,652.

[44] [美]塔尔科特·帕森斯.社会行动的结构[M].张明德,夏翼南,彭刚,译.南京：译林出版社,2003：870.

[45] 王则柯.经济学家的学问故事[M].北京：中信出版社,2003：18-19.

[46] 同[45],8-9.

[47] 爱因斯坦.爱因斯坦文集(第1卷)[M].许良英,范岱年,编译.北京：商务印书馆,1976：264-285.

[48] 唐德刚.书缘与人缘[M].2版.桂林：广西师范大学出版社,2015：258.

第五章 实证文章的写法

古代图书馆学研究的重心是图书整理,具有经验学科的特色,学术路径偏向于人文性;近代图书馆学研究的重心是图书馆管理,具有形式学科的特色,学术路径偏向于科学性;当代图书馆学研究的重心是数据、信息,具有信息学科的特色,学术路径偏向于技术性。人文、科学、技术是驱动图书馆学发展的三个不同历史时代的动力源。如果要将这三个动力源转换成图书馆学的发展基础的话,那么图书馆学的发展基础就会如图 5-1 所示。

图 5-1　图书馆学发展的三大基础

人文价值、科学理性、技术进步分别主要通过阐释研究、实证研究、应用研究融入图书馆学并促进其发展的。实证研究、应用研究近年多采用实证研究方法为之。图书馆学所用实证研究方法很多,如问卷调查、人物访谈、案例研究、引文分析等。本章仅就这四种常见的实证研究方法及其写作要求做一简单介绍。

需要补充的是,社会调查、人物访谈、案例研究等,也属于"质的研究"范畴。所谓"质的研究"(qualitative research,也称"质性研究"),是指研究者在处理"外在的"世界(相对于诸如实验室这种特定的研究环境)时,通过深入研究现场,采集多样化资料来源,如观察或经历的陈述、行为或沟通的记录、文献或档案的记载等,借助各种分析理论与工具,来了解、描述甚至解释社会现象。它将阐释性与自然主义方式结合在一起[1],或者说是将阐释方法与实证方法结合运用的一种方法,主要包括自传法、现象学、民族志(人种志)、个案研究、扎根理论、历史法、参与法以及临床法等[2],从其所强调的证据来源的三角互证[3](triangulation,即多种、多重证据交互验证)原则来看,还是可以将"质的研究"方法当作一种实证研究方法来看待。

5.1　调查报告的写法

社会调查是社会学经常使用的一种定量研究方法,本质上属于实证研究方法。社会调查按调查范围一般分普遍调查(如人口普查)、抽样调查两个大类型。普遍调查具有全面性、准确性等长处,短处是成本昂贵。与普遍调查相比,抽样调查的优点是获得数据资料迅速,节省经费与人力物力,数据资料更为详细丰富;其缺点主要是调查结果的准确性不如普遍调查。我们图书馆学研究者从事的社会调查多是抽样调查,如2013年11种图书馆学期刊上就刊有针对"满意度或需求""信息行为""图书馆管理运作""馆员心理认知与职业文化""竞争情报"等主题的问卷调查文章97篇文章,约占2,416篇文章总数的4%[4]。

撰写抽样调查文章,通常要经过选题、设计、调查、分析、总结等阶段,最后形成调查报告。调查中获取的定量资料与对这些资料统计分析是构成调查报告两大要素。前期的调查设计的质量决定着统计分析的质量,甚至决定着整个调查报告的成败。下面侧重谈谈调查问卷的设计与抽样调查方法、报告写作注意事项。

5.1.1 调查问卷的设计

调查问卷分自填式、访问式两种。自填式问卷是由发出给被调查者由其填好再返回的问卷,访问式问卷是调查员走访被调查者时,按被调查者回答而填好的问卷(包括电话采访)。无论哪种调查问卷,一般都由导言、提示语、问题、回答等组成。在设计调查问卷时,注意把握好以下几方面的情况。

1. 导言不要太长

导言是获得被调查人知情同意的必要条件。导言应讲清楚本次调查的目的、选择不参与的权利、耗费的时间、潜在危险及利益、保密声明、组织者及其联系方式等,如我们进行外来务工人员知识能力及图书馆需求的调查,就可设计成访问式问卷,其导言可写成如下形式:

外来务工人员知识能力与图书馆需求的问卷调查

尊敬的朋友:

您好!我们希望通过对您的访问,了解您的知识能力以及对于图书馆的需求,调查资料用于学术研究,以不记名的方式进行,并依法对调查数据保密,请您能给予帮助和支持。当然您也有权拒绝参与这项调查活动。

本问卷多为选择题,请将您认可的选项用"√"填入每题的括号里。您大概需要8分钟时间完成本份问卷。

祝您身体健康!生活美好!

调查单位:□□□□□□□□□联系电话:□□□□□□□

问卷编号:_____ 调查地点:_____ 调查时间:_____

访问式问卷的导言应该限制在 200 字以内,以便被调查人快速了解调查目的以及决定是否接受调查。而自填式问卷,通常是要寄出或通过网络发布,请被调查人填好后再回收回来,因此导言要尽量多披露一些调查者信息,如交代调查的目的、用途,调查者的单位、身份,以及详细的通讯地址等,字数一般控制在 300 字以内。

2. 提示语要醒目,意思清楚

提示语是用来提示被调查者正确填写问卷的说明文字。上面导言例子中的"本问卷多为选择题,请将您认可的选项用'√'填入每题的括号里",其实就是一句提示语。在自填式问卷调查方式中,提示语是否醒目、清楚,决定着问卷调查的质量。在 2015 年底我们发出的一项《民间图书馆动漫资料收藏与利用、认知与态度现状调查》自填式问卷调查表中,导言里有如下一段提示语:

> 本问卷中所谓的动漫资料,指的是漫画(如国产漫画《喜羊羊与灰太狼》)、动画(如美国卡通片《猫和老鼠》)以及动漫衍生品(即由动漫作品衍生出来的产品,如超人模型、奥特曼玩具)。本问卷所称动漫资料不包括绘本和小人书。

这段提示语规定了调查者所指"动漫资料"的范畴,十分重要。如果能将"不包括……"的内容前置,这就会更加醒目,同时对包括视音频的动漫资料再给予文字确认,就会更好地保障问卷调查的质量。

除了导言中的提示语外,问题中必要的提示语也很多,如"选'是'者请继续回答本问卷,选'否'者请直接从第 11 题开始回答""可选多个选项""最多选 5 个选项"等。凡是感觉可能对被调查者形成认知障碍的地方,尽量做出提示语。

3. 问题尽量以封闭式题目为主

调查问卷的问题分开放式、封闭式两种,开放式的问题回答是由被调查人来填写,一般没有列出的选项。如:

例 1 您的文化程度是_____;

例 2 您对图书馆的服务、建设和发展有什么建议和想法?

开放式问题的优点是可以深入了解被调查者的信息,尤其适用于预调查及需求性调查。开放式问题的缺点在于,一是增加被调查人的难度,容易使其发生厌烦;二是答案会千奇百怪,会给统计分析带来困难,所以在一份调查问卷中,最好减少开放式问题。开放式问题的提出要由简入繁,并尽可能放在问卷的末端[5]。

封闭式问题是指有选择项目的问题,就是要被调查人做选择,包括单选(见"例3")、多选(见"例4");判断,包括排序(见"例5")、评定尺度(见"例6")等:

例 3 您的文化程度是:

    A、文盲( )   B、简单识字( )   C、小学( )

D、初中（ ）　　　　E、高中或中专（ ）　　F、大专及以上（ ）

例4　您平时通过哪些途径吸收知识（可选多个答案）：

　　　A、报刊（ ）　　　B、广播电视（ ）　　C、互联网（ ）　　　D、书籍（ ）

　　　E、与人交谈（ ）　F、参加培训（ ）　　G、其他_____（ ）

例5　您认为影响一个人幸福感的主要因素是（请按重要程度用1,2,3…排序）：

　　　A、经济收入（ ）　　B、社会地位（ ）　　C、知识水平（ ）

　　　D、坚定信仰（ ）　　E、身体健康（ ）　　F、其他_____（ ）

例6　如果到图书馆方便的话，您愿意常去吗：

　　　A、不愿意去（ ）　　B、可去可不去（ ）　　C、很愿意去（ ）

封闭式问题有助于明确测量目标，有助于被调查者填写，有助于统计分析，所以在问卷调查中得到广泛使用。

4. 问题设计要规避的事项

第一，不要使用让人搞不懂的专业语词[6]（见"例7"）：

例7　您的文化程度是：

　　　A、文盲（ ）　　　B、半文盲（ ）　　　C、小学（ ）

　　　D、初中（ ）　　　E、高中或中专（ ）　F、大专及以上（ ）

"例7"中的"半文盲"是指认识500到1500字，或未能读完小学四年级（五年制则三年级）的人，他们的特点是能写简单便条但不能写应用文，不能识别现代社会符号（如地图、曲线图等）等。一般被调查对象很难对"半文盲"所指做出判断。

第二，提供的选项要有穷尽性，即选项要包括所有的可能的情况，不能有所遗漏（见"例8"）：

例8　您的职业是：

　　　A、公务员（ ）　　B、教师（ ）　　　C、公司职员（ ）

　　　D、企业员工（ ）　E、个体商户（ ）　F、外来务工人员（ ）

"例8"中所列出的选项就没有涵盖"自由职业者"等。解决这类问题的办法，可在若干选项后再加上一个"其他"的选项[7]。

第三，不要提出让人经过思维加工才能答出来的问题（见"例9"）：

例9　图书馆图书、报刊等的更新情况是：

　　　A、3个月补充一次新书（ ）　　　B、半年补充一次新书（ ）

　　　C、1年补充一次新书（ ）　　　　D、很少补充（ ）

这是我们走访调查私人图书馆（室）时的一个调查内容，私人图书馆（室）的主人一般都要费好大心思来回忆、归纳才能回答。甚至许多人说，我随时有空就买些书，有多有少，没有一个规定时间。所以，这样的设计就显得很蠢。

第四，每个问题不要包含两个或更多的议题[8]（见"例10"）：

例 10 您对图书馆的服务方式及服务态度满意吗：

  A、很满意（ ） B、满意（ ） C、一般（ ） D、不满意（ ） E、很不满意（ ）

"服务方式"与"服务态度"是两个不同的命题，"服务方式"与"服务态度"没有必然联系，而这样的问题实际隐含着不合理的假设。

第五，避免有诱导倾向出现（见"例 11"）：

例 11 您认为图书馆书刊借阅手续繁琐吗：

  A、很繁琐（ ） B、繁琐（ ） C、一般（ ） D、不繁琐（ ）

首先，这个问题本身就体现出来了倾向性，正确的问法应该是："您感到的图书馆书刊借阅的手续比较简便还是较为繁琐"。其次，选项中负向选项太多，也存在着某种暗示。选项应该按李克特量表的规则列为："A、很简便（ ）；B、简便（ ）；C、一般（ ）；D、繁琐（ ）；E、很繁琐（ ）"。

5.1.2 抽样调查的方法

抽样调查是通过部分来了解总体（population，我国港台地区也译作"母体"）状况的统计调查方法。抽样的目标在于产生一个总体的缩小版本[9]。抽样调查方法一般有两种：概率（随机）抽样与非概率（随机）抽样。

概率（随机）抽样要求较为严格，即调查样本按随机原则抽取的，它们在总体中被抽取的概率是均等的，这样才能保证被抽中的样本有代表性且不出现倾向性误差。由于能确定抽样误差，这种抽样方法还能正确说出样本的统计值在多大程度上适合于总体。概率（随机）抽样的具体方法有：纯随机抽样（又称为简单随机抽样，如用抽奖法、随机数字表抽样）、系统抽样（如等距抽样）、分层抽样（也称为分类抽样或类型抽样，如调查读者年读书量，可先将读者按学历分类，然后在每类读者中进行年读书数量抽样）、整群抽样（将总体划分为若干子群，然后按随机方法在子群中再抽样）、多阶段抽样（也称多级抽样法）等[10]。

非概率（随机）抽样要求较为宽松，调查样本不是按随机原则抽取的，而是通过重点抽样（也称判断抽样，即对标志值在总体中所占比重较大的重点部分调查）、典型抽样（挑选总体中若干有代表性的部分，也属于判断抽样）、任意抽样（也叫偶遇抽样，即随意抽取调查部分进行调查）、配额抽样（也叫定额抽样，与分层抽样类似，但不是随机的）、滚雪球抽样（通过一两调查对象再牵引出更多的对象来扩大同类样本数量）等完成的[11]。

上述抽样调查方法，在诸多社会科学研究法、社会调查方法等教材中都有详细讲解。调查方法称谓略有不同，但实际含义基本相同。在实际抽样调查工作中，我们最好使用概率（随机）抽样，如我们要了解高校图书馆大学生的文献借阅倾向，就可以用分层抽样法将学生分为大一、大二、大三、大四等四个类别，然后随机抽取样本。但是如果条件不允许,我们也可以采用非概率(随机)抽样的方法来从事问卷调查。无论哪种方法,样本太小是很难说明整体状况的。一般来说,心理统计学中,样本包含 30 个以上才算大样本,而在社会统计学中样本超过 100 才能成为大样本[12]。社会调查一般要求样本的置信度(confidence level)应达到 95%,抽样误差(sampling error)应控制在正负 3% 的范围内,即我们有 95% 的信心认为总体(母体)会类似样本,并且保持在正负 3% 的抽样误差范围之内;而样本数量从 100 增加到刚好超过 200 时,抽样误差可从 10% 降到 7%,样本量在 800~1,000 时,抽样误差是 3.5~3.2,但从 4,500 增加到 10,000,却只能减少 0.5%,如表 5-1 所示[13]。

例如,2006 年 7 月我们对北京市农民工的知识能力及图书馆需求做了一次问卷调查。调查方法是非随机典型抽样发放问卷,辅以访谈,对奥运会摔跤场馆施工的建筑工人、清华东路修筑道路的市政工人、海淀西苑一带的运输工人、中国农业大学东校区内园艺保洁人员及附近从事餐饮、食品水果等零售业的农民工发放调查问卷,调查人员现场指导,当场填写,当场回收。共发放问卷 200 份,回收有效问卷 188 份。当时北京市的农民工达到了 500 万人,188 份的样本能够说明北京市的农民工整体状况吗?显然是不可能的。依上述样本误差与样本大小关系来看,北京市农民工的调查样本应在 1,000 份左右较为适宜。

表 5-1　置信度在 95% 的样本误差与样本大小

样本误差(%)	样本数量
10	100
7.1	200
5.8	300
5	400
4.5	500
4.1	600
3.8	700
3.5	800
3.2	1,000
2.2	2,000

5.1.3 调查报告写作注意事项

调查报告通常由前言(绪论)、方法、结果(数据及说明)、讨论(结论)、参考文献、附录等几个部分组成。写作过程中,有以下几点要引起注意:

1. 要交代清楚调查的背景、对象和方法

调查背景、目的要在调查报告的前言(也称"绪论")讲清楚,调查对象、方法的介绍紧随其后,一定要在调查数据的统计分析介绍之前。如 2009 年我们发表的《北京市残疾人阅读及公共图书馆利用情况的调查报告》[14],开头部分是这样写的:

    1. 研究背景与目的
    1.1 研究背景

    残疾人是社会中一个特殊的弱势群体。根据第二次全国残疾人抽样调查数据推算,中国目前各类残疾人总数为 8,296 万人。占全国人口总数 6.34%[1]。帮助残疾人获取知识,不仅能丰富他们的精神生活,而且能帮助他们提高素养,更好地参与社会生活,享受平等获取信息的权利。但目前残疾人的知识能力及阅读状况如何?残疾人对图书馆的认识和利用程度如何?他们对图书馆有些什么建议和意见?为了回答这些问题,我们开展了残疾人阅读及图书馆利用情况的问卷调查。

    1.2 研究目的

    本次调查研究的目的是:① 了解北京市残疾人阅读的基本特征,揭示残疾人阅读目的、阅读时间、阅读内容、读物获取渠道等相关情况;② 了解残疾人利用图书馆和对图书馆的认知情况;③ 了解残疾人对图书馆各方面的评价;④ 通过残疾人对公共图书馆提出的意见和建议,为图书馆对残疾人开展有效的服务提供参考。

    2. 调查对象和方法
    2.1 调查对象

    调查小组于 2008 年 10—12 月在北京市海淀、西城、东城、朝阳 4 个城区的残疾人活动中心、社区、残疾人康复站、残疾人"温馨家园"、残疾人手工工厂等残疾人集中的场所进行了访问调查和问卷调查,共发放问卷 306 份,回收问卷 305 份,其中有效问卷 286 份,有效回收率为 93.5%。由于盲人阅读的特殊性,本次调查对象不包括盲人。

    2.2 调查与分析方法

    本次调查采用的方法是判断抽样和偶遇抽样相结合发放调查问卷,辅以访谈方式。问卷当面发放、当面填写、当面回收,以保证较高的回收率。问卷内容包括三部分:被调查者的年龄、性别、职业、收入、残疾类别等基本情况;信息来源、阅读目的、阅读时间、阅读数量、阅读内容、读物来源等阅读情况;图书馆利用情况、对图书馆意见与建议等情况。问卷回收后,运用专业统计分析软件 SPSS 13.0 进行数据统计与分析。

报告在进行检验时主要采用了卡方检验(Chi-square test)和 Gamma 系数两个指标,同时通过检验考察 C 值,即列联系数来消除样本量大对卡方检验造成的影响,一般 C 值应该要超过 0.16,最好能够达到 0.25[2]……

2. 报告正文中的表、图要分开排序

调查报告的正文中少不了各种图表。图表的排序是有规则的,即各自排序。例如《北京市残疾人阅读及公共图书馆利用情况的调查报告》中,图的排序为图1、图2、图3……;表的排序为表1、表2、表3……。

注意表的标题一般都出现在表的上方,如表 5-2 所示。

表 5-2 残疾人的阅读目的

调查选项	频次(个)	占总样本数的百分比(%)	排位
提高修养	146	51	1
娱乐消遣	143	50	2
学习知识	110	38.5	3
工作需要	51	17.8	4
其他	8	2.8	5
	271 个有效值,15 个缺失值		

注:该问题是多项选择,计数总和不等于调查总人数

而图的标题却一般出现在图的下面,如有一道题是了解被调查者关于阅读影响个人成长的认识,调查数据如图 5-2 所示。

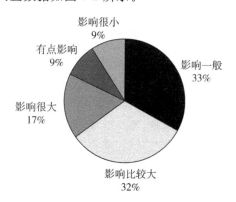

图 5-2 阅读对个人成长的影响

这个图说明,49%的被调查者肯定了阅读对个人成长的影响比较大和很大,认为影响一般的有 33%,认为影响很小和有点影响的人各占 9%。

3. 调查讨论(结论)要简洁有力

调查报告的讨论(结论)就是结尾。写结尾时,要注意呼应前言,特别要注意行

文条理清晰。例如《北京市残疾人阅读及公共图书馆利用情况的调查报告》的最后一部分"调查分析与结论",在写作时我们就尽量朝这个目标进行努力:

6. 调查分析与结论

(1) 通过这次调查我们发现,大多数残疾人喜欢阅读。报纸和书刊是除电视以外他们获取信息、知识的主要渠道。他们在阅读上花费的时间不多,但大部分人都有阅读生活。年龄、学历会对他们的阅读量有一定的影响。残疾人主要阅读"生活健康"、"文学艺术"、"娱乐体育"等方面的内容,阅读目的以促进身心健康、提高修养、休闲娱乐为主。这对于图书馆为他们提供服务有重要参考价值。

(2) 近一半的被调查者都认为阅读对他们个人成长影响大,肯定了阅读的作用。他们意识到了信息知识的重要性,认为知识水平是影响生活幸福的因素之一。同时,他们认识到缺少知识会影响经济收入、社会地位、人际关系、身体健康等。他们对阅读的兴趣和对阅读作用的肯定,对信息、知识重要性的认识,表明他们是图书馆潜在的、应被充分发展起来的一个庞大的读者群体。

(3) 残疾人阅读书刊的第二大渠道就是从图书馆(室)借阅,他们大部分都去过图书馆(室),但是经常去的比例不大。距离太远、设施使用不方便、不知道地址等成为他们使用图书馆的障碍,学历也会对他们是否去图书馆有一定影响。在对图书馆的馆藏和服务的评价中,他们对图书馆工作人员的服务态度、馆藏数量满意度比较高,大部分人都认为图书馆基本能够满足他们的需求。同时他们也提出一些意见,要求图书馆能够增加手语服务和及时购进新书。残疾人对去图书馆的欲望是非常强烈的,在使用方便的前提下,绝大部分调查者都有去图书馆的意愿。

(4) 在调查过程中,残疾人对图书馆的建设提出了很多期望和宝贵的建议,如希望图书馆免费服务、充实馆藏、及时更新书刊、增加无障碍设施和手语服务、开展丰富多彩的活动、举办计算机培训等等。不同类型的残疾人还提出了各自的需求,如视力障碍的残疾人要求图书馆提供大字书,智力障碍的残疾人需要漫画、科幻类的书籍,听力语言障碍的残疾人希望能够提供手语服务等等。他们还积极关注基层图书馆的发展,希望图书馆能够深入到街道、社区。这些都为图书馆有针对性地开展残疾人服务工作提供了重要的参考依据。公共图书馆应加强宣传,消除残疾人对图书馆的某些疑虑,使更多的残疾人能够真正使用图书馆。

社会调查的优点是能够客观、清晰的了解社会事实,回答社会事实发生"何处""何时""如何"等问题,但回答"为何"就困难一些,包括用调查法证明因果关系,如果有的话也是罕见的[15]。这也是社会调查等实证研究的局限性。社会调查能为学术研究提供数据,但怎样解释数据并建立起新的意义,这需要借助阐释学的方法来完成。

5.2 访谈文章的写法

访谈(interview)是采访者与被采访者通过对话的方式来建构意义系统的方式。每次访谈都是一次互动的记录和在记录的帮助下的话语分析[16]。而且,在特定时空环境下的每一次互动都是个性化的、独一无二的。访谈的方法主要是叙事研究,属于偏实证的质性研究方法。

访谈文章与对话录不同。对话一般是协商性的谈话,对话录是两个或两个以上人(主持人与一名嘉宾或多名嘉宾)就某主题发生的对谈,他们之间的对话是平等的,大家共同创造出了一个情景现实。而访谈则是有中心的,被访谈者是访谈的中心,访谈者处于辅助地位。当然,有的对话录近似访谈,有的访谈近似对话录,但这都不是通例。对话是获取系统性知识的一个古老方法,访谈则是数十年前兴起的一种科学研究方法,初期在教育学和健康科学领域运用得比较成熟和普遍[17]。随着人类理性从科学理性向交往理性的转移,访谈这种研究方法也许将大行其道。

在图书馆学研究中,访谈资料通常是作为调查研究(包括田野调查)的来源证据使用的,将其写成访谈文章登载在图书馆学专业期刊上的还不多。随着图书馆原生资料、特色数据库开发的需要,图书馆口述史的采集、口述资源的建设步伐将会加快,今后的访谈文章尤其是口述史著作会渐渐多起来。因此,掌握访谈方法与技巧,撰写出有质量的访谈著述,这也会成为图书馆学者应具备的学术素养。

访谈选题确定后,访谈者与被访谈者要签署一个"知情同意"(informed consent)的文件,告知被访谈人研究目的、研究计划、被访谈人的权利与责任,以取得被访谈者参与研究的同意,同时保障被访谈人包括隐私等合法权益不受损害。访谈的准备与问卷调查相似,也要经过一个选题、设计、实施、整理、成文的过程。下面依次简谈一下,我们应如何确定访谈提纲,访谈前要做好那些准备,访谈中要用到哪些技巧,怎样整理访谈资料、撰写访谈文章等。

5.2.1 确定访谈提纲

访谈可分结构式访谈(structured interview)、半结构式访谈(semi-structured interview)、非结构式访谈(unstructured interview,又称开放式访谈)三种。前者是指按照设计好的、有一定结构的问卷进行的可控访谈,后者是指仅有主题没有提纲的自由访谈。封闭性、满足时间限制性是前者的特征,开放性、无时间限制性是后者的特征,而半结构式访谈则是介乎二者之间的一种访谈方式。半结构式访谈在访谈研究中相对使用得较为普遍。结构式访谈的优点是能收集到可计量的数据,而非结构式访谈则容易获得丰富的、详细的质性资料[18]。

结构式、半结构式访谈都要编写访谈提纲。如我们要制作的"知名学者原生资料库"就属于半结构访谈,访谈的资料是每一个学者的全景式采访音像记录,其采访提纲要涉及学者的人生经历、学术研究、思想观点等大类内容。具体的采访提纲如下:

1. 人生经历
① 籍贯、出生时间与地点,② 幼年家庭环境,③ 小学教育、中学教育,④ 大学教育以及留学情况,⑤ 从事本专业的经历。

2. 学术研究
① 主要研究领域,② 学术发展阶段,③ 主要学术成绩,④ 其他学术问题。

3. 思想观点
① 对本专业发展的看法,② 对学术及学术界的看法,③ 对社会现状的看法,④ 其他。

如果是外出做结构式专题的访谈,由于有时间的局限,事先更应准备好访谈提纲。我们在做民间图书馆调研时对公益性私人图书馆馆长的访谈提纲,就准备好了问卷。为了对时间有所控制,问卷以封闭性问题为主。问卷涉及了以下项目:

1. 基本状况
① 图书馆名称,② 正式创办时间,③ 馆长姓名,④ 地址,⑤ 联系电话,⑥ 馆长出生年,⑦ 文化程度,⑧ 馆长职业,⑨ 收入状况。

2. 文献资源
① 馆舍面积,② 是否为独立空间,③ 馆舍所有权,④ 资源(书、报、刊、声像资料)数量,⑤ 主要设备(书架、阅览桌、电脑)数量,⑥ 藏书分类方法,⑦ 主要大类,⑧ 是否书刊混排,⑨ 馆藏资源补充状况。

3. 管理与服务
① 是否采用借阅登记,② 每周开放天数,③ 每天开放时数,④ 到馆读者日均数量,⑤ 到目前接待读者的累计数量,⑥ 是否免费借阅,⑦ 馆长是否学过专业知识,⑧ 是否有帮手,⑨ 是否提供上门服务,⑩ 除了借阅还搞过哪些服务。

4. 运行状况
① 经费来源,② 自己投入能否维持运转,③ 政府有哪些支持,④ 公

共图书馆有哪些帮助,⑤ 获得社会力量资助情况,⑥ 社会力量资助的主体(基金会、社团、企业、个人)有哪些。

5. 开放问题
① 创建图书馆的动机是什么?
② 对自己图书馆的存在价值有何评价?
③ 遇到的最大困难是什么? 自己是怎样克服的?
④ 今后是否还要坚持办下去?
⑤ 对未来图书馆的发展有何设想?
⑥ 办图书馆过程中最让人感慨的人和事有哪些?

这个访谈提纲是个倒漏斗式的,先是封闭性问题,然后是开放性问题,到最后阶段,被访者因获得了成就感,其情绪通常会被调动起来,有时可使我们获得被访者对深度议题的意见,有时也会获取访谈议题之外的珍贵信息。不过,在访谈实践中,我们发现有些问题设计得不好,如"3、管理与服务"中的"⑤ 到目前接待读者的累计数量",一般被访者都很难回答上来。

5.2.2 做好访谈前的准备工作

选定了访谈时间与地点之后,还要提前做些功课,即访谈员要对被访谈者的经历、学术乃至语言特点进行深入了解,这样有助于提高访谈质量、避免发生幼稚的错误。

如果是做口述史访谈,要提前与被访人取得联系,得到同意后,要将访问提纲提交被访人,以便被访人做好心理准备。如果外出做专题访谈,访谈前也可以传给被访人一份提纲或问卷,让被访人事先了解一下,使被访人在访谈时有所准备。

如果有录像,访谈前还要调试好设备,访谈员要做好着装安排,同时告之被访谈者做相应准备。

5.2.3 访谈中的一些常见技巧

访谈的准备是"备战",访谈过程是"实战"。实战中经常会遇到一些困难,或意想不到的情况发生,如果当时采用的处理方式不当,就会影响的整个的访谈质量。以下八个方面是访谈员要注意把握的:

(1) 创造良好的访谈开端。在访谈开始前,访谈员要自我介绍、感谢被访人接受访谈、说明访谈过程与方法。为避免冷场,访谈前访谈员应该进行"预热",即与被访谈人闲聊片刻,待被访谈人处于放松状态时,再进入正式访谈。访谈员在访谈时要备好纸笔,以便在访谈过程中做一些必要的记录。

(2) 访谈者的听比问重要,要学会倾听。在访谈过程中,访谈员要全神贯注地倾听被访人的叙述,要让被访人感觉到你的专注。在必要的时候,你可以做出点头或应答("对"、"嗯"、"是")的动作,表示你听清楚了对方的意思或赞许对方的意见。尤其在受访人讲述一个事件的完整经过时,访谈员不要贸然插话,或突兀地提出问题。

(3)出现听不清楚的话语时,访谈员可用笔记在本子上,然后在被访人话语停顿或话题转换时,适时插入问话,以使被访人重新回溯一下前面已经说过的话,以便对相关内容进行确认。有时,听到被访人的潜台词"话中有话"时,尽管访谈员一头雾水,但也不宜让被访人重述或重新解释,否则会引起被访人的不悦。

(4)为避免被访者的回答空洞,访谈员应尽量提些导入性问题。如我在乡村图书馆馆长的访谈中,如果问"你创办私人图书馆的动机是什么?"被访者很有可能说出一些抽象的、空泛的理由来。后来我就改问"你办这个图书馆的决定当时是怎样做出的?"被访者就有可能将来龙去脉娓娓道来。访谈者不要做被访者的支配者、启发者,而应做被访者的护行者、投缘的交谈对象。

(5)提问时尽量不要提"是非"题。如"你认为这样做是对还是不对","你的上级对你好吗"的问题,被访者会仅给出"对""不对""不知道",以及"好""不好""很难讲"等简短回答,信息量极其有限。如果改为"你对这样的做法持怎样的态度","请你谈一下这几年你与上级关系怎样",就有可能引发出较为丰富的回答内容[19]。

(6)访谈中最常见的突发困难,是访谈员与被访者之间出现叙事的不协调。如你预设了一个叙事时间顺序,但被访问者往往提出了另外的一个时间顺序[20]。或者你问的问题只需要一个简单的回答,但被访者却要用长篇大论回应你。如何弥合采访者与被采访者之间不协调?这需要访谈员要有足够的智慧加诚恳的态度。如果被访者不应对访谈员的提示,那么访谈员可以找恰当的机会给予善意的提醒。

(7)要对隐私问题有所警觉,最好不要涉及。访谈伦理是贯穿访谈研究的全过程的。访谈伦理除了表现在"知情同意"阶段外,许多环节、地方留待访谈员临时把握、自行判断。因此访谈员对于那些对被访者看来是敏感的问题,不要去穷追不舍[21]。

(8)访谈员在访谈中要保持价值中立的立场,即"避免陷入一场'真的'谈话,避免在谈话中回答被访者的提问或者就讨论的问题发个人意见,研究者可以不加入自己的意见,避免'掉进陷阱'('我怎么认为不重要,重要的是你的观点')或者假装无知('对这个问题我真的不懂,不知道说什么,你是专家')。"[22]

5.2.4 访谈记录整理

一个完整的访谈过程包含着访谈前、访谈中、访谈后三个阶段。在访谈后这个阶段,访谈记录的整理与访谈文章的定稿是一个很重要的工作。整理访谈记录要注意以下两方面:

(1)做完访谈之后,要尽快进行记录整理,将访谈内容的录音向文字转换。否则时间长了,许多现场感会从访谈者记忆中淡化乃至消失。如果是结构式访谈,尽管访谈问卷在现场已经填完,但事后还要边听录音、边再整理一遍,以使访谈记录臻于全面、完善。如果是非结构式访谈,那么更应该在录音、录像资料的帮助下,完整地进行一次音像转成文字的工作。

(2) 整理记录时,先要建立访谈基本信息框。即记录访谈题目、介绍访谈目的、访谈员、地点、起止时间、被访谈人的姓名与身份、访谈环境与气氛等。例如我进行的一次乡村图书馆的访谈,其访谈记录的基本信息框如下:

陆梦蝶"田野书屋"访谈记录

主题:田野书屋历史与现状
时间:2010 年 07 月 23 日上午 10:00 至 11:20
地点:宁夏永宁县胜利乡陆坊村陆坊八队田野书屋
访谈员:王子舟(北大信息管理系教授)
被访人:陆梦蝶(田野书屋主人,农民)
联系电话:0951-84＊＊＊33,手机号码:137＊＊＊＊＊008
访问方式:结构式访谈(有录像、录音)

(3) 在整理非结构式访谈记录时,可以对被访谈人的谈话进行文字润色,但只应停留在语句的通顺、标点的填加上。除非是做摘要式记录,否则不能对访谈录音进行大的改动。要将访谈员的问话与被访人的回答分行区别开来。如 2010 年 6 月 22 日,我们对兰州穆斯林图书馆馆长唐增禄的一段访谈:

问:当时怎么想起来办图书馆?

答:这个想法是在学习过程中萌发的。当时我们在函授学阿拉伯语,有十五位同学凑在一起成立了个读书会,大家商议办了个阅览室,会员交会费买报纸。那时既无场地也无经费,更无编制了。最初借了一间房(一位同学没有结婚,一个人住了一间房),还买了些旧柜子、工具书就办起来了。

问:你对自己图书馆的存在价值有何评价?

答:我们的图书馆给穆斯林们搭建了个平台,为穆斯林的民族、宗教信仰服务。图书馆受到过省市各级政府部门的表彰,还受到了国内外穆斯林信众的表扬。许多国外学者来查资料、搞研究。我们还有个婚介所,为我们出电费、水费等。婚介所的成员也是志愿者担当。

问:遇到的最大困难是什么?自己是怎样克服的?

答:没有自己的场地。场地问题上了三次市政协的提案里,但到目前还是解决不了。兰州市黄河北建了一些仿古建筑,那里还有清真寺,政府说是在那里给我们找个地方。

问：今后你们是否还要坚持办下去？

答：只要有好身体就要办下去。我这个馆长也是会员们无记名选出来的。会员一共有23名成员，17人投票选了我。我的本职是在市政管理处配电室工作，作馆长是兼职。日常开放由志愿者管，每月600元工资。这个工资是企业家赞助的。图书馆必须专人管。轮流来管不行，弊端太大。如容易丢失图书等。

5.2.5 访谈文章的定稿

在访谈记录基础上形成访谈文章，最重要的工作就是要对访谈内容进行校勘、划分篇节结构。

（1）进行校勘考订工作。被访者在接受访谈时，因记忆失误、方言较重、主观倾向强等因素的影响，会导致所叙内容出现事实误差，如时间地点、名词术语、事件原因的错误。有时，被访者在访谈中还会出现前后矛盾的情况。这种情况通常是由以下两种情况导致的：记忆模糊而导致的前后叙述的矛盾；被访者在话语互动中不断修正自己的观点[23]。

解决这些问题，就要把访谈记录与文献资料（包括档案）进行互证校勘。著名口述史学家唐德刚曾说："我替胡适之先生写口述历史，胡先生的口述只占百分之五十，另外百分之五十要我自己找材料加以印证补充。写'李宗仁口述历史'，更麻烦，因为李先生是军人，他连写封信都要找秘书，口述时也随便讲讲，我必须细心地找资料去编、去写、去考证，不明白的还要回头和他再商讨。……统计起来，大概只有百分之十五是他口述，百分之八十五是我从图书馆、报纸等各方面资料补充与考证而成的。"[24]对访谈记录进行文献互证，可以增加访谈记录的真实性、客观性，甚至还可以发现访谈记录的不足之处。

（2）必要时，要在访谈内容相对完整的段落开头前，加上小标题。如人民日报社柯愈春的《文华师长访谈录》中"访钱亚新研究员"一节[25]：

1. 在杜定友先生鼓励下考取文华图专

今天讲讲我的年龄。我是1903年12月23日生。出生地是江苏宜兴县丁蜀镇里西村。我出身于小工商业家庭，父亲名叫钱承寿，是烧窑的……

2. 胡庆生老师诱导我对外文工具书的兴趣浓厚

我考取文华奖学金，非常开心。文华图专招生时对身体健康要求十分严格，有肺病、心脏病都不准入学。我到校后，记得是一位美国肺病专家检查的……

3. 重回文华图专教索引与索引法

　　文华图专的毕业生,都由学校分配,去向是到各图书馆任事。我没有去找学校介绍找事,因为杜先生给我写信说,让我毕业后到广州去找他……

4. 向藏书家学习辨别古籍版本知识

　　我有个同学叫陆秀,他在天津河北女子师范学院任图书馆主任。1933年5月给我写信,说:"我要去美国读书,你来接我的任。"1933年8月,我从上海去天津,在河北女子师范学院任图书馆主任……

5. 杜定友先生向我灌输"图书馆是一所社会大学"

　　我比较早地接触研究中国目录学史上的两本书:一本是宋代郑樵的《校雠略》,花了一年工夫,写出《郑樵〈校雠略〉研究》;一本是清代章学诚的《校雠通义》,花了三年工夫,写成《章学诚〈校雠通义〉评述》,这部书稿在战乱与"文革"中毁弃了……

本文中的小标题尽管不够洗练,但它能起到导读、助览的作用。没有小标题的访谈文章,只适宜篇幅短的,否则读起来甚为吃力,而且中断休息一下,再回头找原来阅读之处也较费时。篇幅稍微长一些的访谈文章,都应有小标题来分节。而且有了标题,这也有利于对访谈资料进行元数据编加工。

访谈研究有两种范式,一种是访谈者将自己作为开矿的矿工,一种是访谈者把自己当作旅友。矿工的取向倾向于将访谈看作是资料挖掘与收集的场域,并与后来分析资料、阐释资料的场域分开来;旅友的取向在于把访谈和分析交织在一起,用以构建知识,以便形成说给人听的叙事。后者认为知识就是在社会中建构起来的,这与人类学、后现代的知识观较为接近[26]。从旅友的角度来说,访谈已经不完全属于实证研究的方法,它已经融进了阐释学、现象学的许多元素。

5.3　案例文章的写法

案例研究(case study)或者称案例分析、个案研究,它是将能够分解为具体单位的社会事物(参与人、活动、现象、事件)作为案例进行深入研究、解读的一种研究方法。通俗的说法就是"解剖麻雀"。美国学者罗伯特·K·殷(Robert K. Yin, 1941—)认为,"案例研究是探索难于从所处情境中分离出来的现象时所采用的研究方法。"[27]该定义中的"现象"指的就是"案例",所谓"所处情境"就是对案例发生蕴育、支配、影响的现实条件的集合。这个定义强调了案例研究的方法特征与方法目的。

从方法论的角度看,案例研究方法有以下三个特点:① 案例研究中尽管有时可以运用数据统计分析方法,但因所涉研究对象往往不具有能够进行数据统计的条件,它是一种质性的实证研究方法。研究者面对的个案不是数学事实而是人文世界,他只有对个案进行分析性概括而不是统计性描述,才可能形成针对某案例的广泛议题。② 案例研究要依赖对社会事物的观察、感知、参与,用归纳或解释的方式建构出知识理论,所以它超越了孤立的变量研究,属于经验性研究方法,其研究结果的质量往往与研究者自身能力呈现正比关系。③ 案例研究的数据经常是多源的,故不能仅用单一的调查方法,要多种研究方法运用,如田野调查、访谈、实验、文献计量、历史分析、档案分析等。多方法的交叉运用,可增强案例研究的可信度、精确度。

案例研究不仅有效地运用于社会问题(如青少年网瘾、家庭暴力)研究上,也可以有效地运用在各种项目评估(包括过程评估、结果评估)之中。从事案例研究的程序是:确定可操作的理论框架、选择合适的案例类型、深入实践收集案例素材、分析处理案例数据、撰写案例分析文章或报告。

5.3.1 确定案例研究理论框架

确定案例研究理论框架就是设计案例研究的方案。它包括研究的对象、目的、方法、程序、预期成果等。理论框架是案例研究的前提。有了好的理论研究框架,案例研究的质量才能得到好的保障。

例如,20 世纪 80 年代国内曾兴起读书社,但时间不久就消沉下来;90 年代中期,民间又有读书社渐渐复苏。读书社的兴衰原因是什么?它们有怎样的社会价值?发展前景如何?带着这样的问题,2005 年我们对读书社进行了案例研究与分析。我们的理论框架是:

① 研究对象——读书社
② 研究目的——探讨读书社的产生原因、社会价值、发展前景
③ 研究方法——众多读书社的事迹调查(新闻报道、文章介绍、网站搜集、实地考察)
④ 研究程序——调查、素材与数据分析、文章写作
⑤ 预期成果——论文或报告

有了明确的理论框架,我和我的博士生马艳霞半年以后终于完成这个研究,后来写出一篇文章刊载于 2006 年 11 月的《中国图书馆学报》上[28]。十年过后看该文,内容、分析都存在不足之处,但是案例资料的收集、整理还是留下了深刻的记忆,即因理论框架明确,相关案例资料的收集比较全面。

5.3.2 选择案例的类型

在进行案例研究前,首先要搞清楚你所做的案例属于单个案例还是群体案例。从单个案例研究中不易找到适用于个案所属总体的共性品质,但是,按照费孝通先生的观点,从个别事物出发是可以接近、认识整体事物的。因为事物都是有各自类型(type)归属的,条件相同就有可能生成相同的类型事物,虽然同类型里的个别事物会有差异,类型也不是个别的众多的重复,但个别中蕴含着类型的相同条件,找出这些是可以反映类型的[29]。另外,从诸多个体事物中归纳出整体的具有普遍法则的原理,并不是案例分析方法的唯一诉求。有时,案例分析涉及的是独特的或极端的案例(如一个普通读者要看自杀手册,图书馆是否应出借),案例分析的目的就是为了探讨这种个案的特殊性,并提出合理的、深入的解释,它与共性品质、普遍法则的关系就变成次要的了。

群体案例(又称多案例)对共性品质、普遍法则的联系要远大于单个案例。群体案例通过案例内部分析(把每一个案例看成独立的整体来完整分析)、交叉案例分析(对所有案例进行统一分析、解读),就可以抽象出某类社会事物的共性品质、普遍法则是什么,以及有哪些特点。因此,单个案例的研究突出的是典型性,群体案例的研究突出的是代表性。2005年我们所做的读书社研究,就属于群体案例的研究。2010年,我们走访了国内近三十家的乡村私人图书馆,把这些私人图书馆作为群体案例来研究,那么就可以说明目前国内私人图书馆的某些共性品质与发展特点。

有时,好的案例研究,其价值不仅在于通过个案的分析找到个案所属总体的某些共性品质或者普遍意义,更在于能够为某种知识理论的构建提供实证依据。换言之,"个案研究的生命力在于纵向上的'深度'(深入的理解),而不是横向上的宽度(代表性)。"[30]无论是单个案例的研究、群体案例的研究,案例研究的类型通常有:探索型、描述型、解释型等,它们之间的侧重点有所不同。

1. **探索型案例研究**

尝试通过对案例的洞察,来建立新的意义体系或观点。如教育界所谓的个案追踪法就属于探索型案例研究,即在一个较完整的长时间内连续跟踪研究对象(如单个的人或事),收集各种资料,揭示其发展变化的情况和趋势。追踪研究短则数月,长达几年或更长的时间。我国著名教育家和心理学家陈鹤琴(1892—1982),从1920年12月26日长子陈一鸣出生开始,就进行了长达808天的追踪研究,逐日记录其身心发展变化,最终写成了《儿童心理之研究》(1925年)一书[31]。有些图书馆开发出了新的服务方式,其效果如何,也可以用探索型案例研究的方式进行追踪,以期积累经验,做好推广规划。

2. 描述型案例研究

主要是对人、事件、项目等做出准确、清晰的描述。中央电视台"今日说法"栏目播出的案例事件,采取的就是描述型方式。节目中的事件经过清晰的脉络展示之后,点评嘉宾才根据事实做出合理的评论。此外,学校教学案例(如阅读课教学案例、作文课教学案例、英语听说课教学案例)通常属于描述性的案例。图书馆服务中的读者参考咨询案例,大多也属于描述型案例。描述型案例研究,不仅有描述,也有点评。点评往往起着画龙点睛的作用。

3. 解释型案例研究

主要是说明研究对象的前因后果,回答"为什么"、"怎么样"等问题。2006年我们所做的读书社研究就属于解释型案例研究。又如,2005年杭州西湖边上出现了一个"杭州张铭音乐图书馆",其运作模式虽然是想将公益服务与市场运作结合起来,但实质上它是将音乐文献借阅、器材试音、唱片出售、室内乐和咖啡馆等集为一体,打造成了一个欣赏高雅音乐的经营性会所。这家音乐图书馆为什么会成立?其定位有没有问题(乃至应否称图书馆)?它运行状况如何?它是否代表了民间图书馆的某种发展方向?这就要做解释型的案例研究才能回答出来。

5.3.3 如何收集、分析案例资料

1. 收集案例资料

罗伯特·K.殷提出,案例研究的证据材料来源于6个渠道:文献、档案记录、访谈、直接观察、参与性观察(介入案例活动之中)和实物证据。我对此稍加改动形成了一个适宜我们理解的说法如图5-3所示。

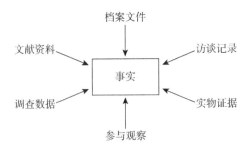

图 5-3 多种证据来源的整合

罗伯特·K.殷认为,案例资料收集的三大原则是:

(1) 尽量使用多种资料来源,以达成具有互证效力的"证据三角形"(即不同证据形成了互证);

(2) 要建立案例研究数据库,内容包括案例研究记录、与案例相关的文献、各种

图表材料、描述(研究者初步整理的资料);

(3) 组成一系列证据链,使得案例研究过程能平滑地从一个部分转移到另一个部分,增加案例研究的信度,进而能在事实与结论关系中看到合理的推论[32]。

罗伯特·K.殷的经验认识十分重要。以做好案例研究数据库为例,我们在做私人图书馆案例调查过程中,每一个采访过的私人图书馆的资料都要在电脑里单独建立一个文件夹,里面包括访谈录音、访谈录像、情景照片、文字记录、相关文献等。

我们做读书社研究,在写作前还将案例编制出了诸多文档表格,以形成一个整体框架来呈现案例资料,为写作打基础,如下面挑选出来的两个样本(见"案例5-1"、"案例5-2"):

案例 5-1　郑州市读来读去读书社

1. 名称与创办时间:郑州市读来读去读书社,1987年。
2. 创办主体或负责人:张少鸿。
3. 宗旨口号:一切为读者服务;为提高郑州人的物质和文化水平而竭尽全能。
4. 发展规模:开业一个月后,在郑州设立8个分社,发展了3万多名读者。1994年,有50名员工、10个分社,70多万册图书,3千余种杂志,将近9万名读者,成为注册资金1,000万元的河南省最大的私营企业。
5. 运营时间:读书社成立于1987年,2001年被查封,运营14年。
6. 运行规则与特点:办证手续简单,无需任何证明,凡交10元押金,10元租金即为该社读者,可以在不同地点、时间与任何一个分社自由交换有"RRR"标记的书刊;读者可以一天换许多次,也可以一册看许多天,一年后如果读者要求终止借阅,10元押金全部退回;书社没有节假日,遍布市区各网点每天都有人值班,方便读者借还。但从1995年开始,该社由于多元化经营"摊子"太大,在没有经过中国人民银行批准的情况下,以承诺给予一定比例的高额利息为诱饵,以"读书押金"、"奖读金"和"理财委托"等形式向社会公众变相吸收存款5.3亿元,至案发时尚有4亿余元未能兑付,造成经济损失1.9亿余元,给广大集资群众带来极大伤害,社会影响极坏。
7. 参考文献:

杨向明,王平格.来自读来读去读书社的报告:张少鸿与"RRR"文化[J].图书馆,1994(6):42-43.

王改琴.发展中的"3R"书社及其对图书馆的影响[J].图书馆,1995(1):47-49.

案例 5-2　湖北咸宁市华中希望读书社

1. 名称与创办时间：湖北咸宁市华中希望读书社，1996年。
2. 创办主体或负责人：游峰。
3. 宗旨口号："一毛钱读好书"；"服务读者，传播文化，财富共赢，精神守望。"
4. 发展规模：10年以来，在武汉、北京、成都、广州、上海建立了5个总部，于国内30个省区，1,000多个城市，开办了3,600多家华社特许店，容纳了10,000余人就业，拥有1,000多万名会员读者。
5. 运营时间：1996年5月至今。分别获得"中国优秀企业"、"湖北省重合同守信用企业"等荣誉称号。
6. 运行规则与特点：发行面值36元的"希望卡"代替租书证，每本书、每张碟每天租金0.10元，并可"一人办卡，多人受益；一处办卡，多处可用；一次办卡，长期有效。""希望卡"既可租书，也可凭其优惠买书、文化用品、音像制品等，还可开展卡拉OK、名曲欣赏等娱乐活动，"一业为主、多种经营"。市场开拓策略是"起步小城市，突破大城市，挺进乡镇店，覆盖全中国"；最先自发提升品牌：普及版、升级版、星级店，节节攀升，引领中国图书租赁业的前沿时尚。该社的商标"华中希望"经国家商标局正式核准注册，其所注册的"希望卡"也经国家版权部门登记注册。
7. 参考文献：
周洄.一毛钱开启"希望"之门：华中希望读书社创诚信品牌纪实[EB/OL].华社网，[2005-06-01]. http://www.2518.com.cn/show.asp?showid=269.

2. 分析案例资料

罗伯特·K.殷指出，案例的证据分析包括检查、归类、列表、检验，将定性与定量结合起来证明最初提出的理论假设。案例分析的三个原则是：

（1）根据最初的理论假设来验证案例材料，使重点材料浮现出来；

（2）考虑与之相反的竞争性解释，即要论证与你最初理论假设相反或不同的可能性解释；

（3）进行案例描述，即将案例整理成可读性、描述性文本，为案例写作做铺垫[33]。

5.3.4　案例文章写作注意事项

案例研究可以写成案例研究报告，也可以写成普通论文（案例分析是文章基础）。如果是一份报告，那么应该包含以下几部分：基本情况、调查分析、主要结论。如果写成论文,则一定要将案例进行一一说明,以便在此基础上进行分析,得出结论。

在案例基础上形成的案例研究报告与普通论文在文体和表达方式上是有区别的,案例报告以记叙为主,兼有分析和理论建构,记叙部分是报告的主体,方法论是讲一个故事、描述一个事实;而论文是以说理为目的,以议论为主,案例虽然是基础,但它不是论文的主体。如 2014 年我们对国内外迷你图书馆(little free library, LFL)这种微型免费图书馆的个案研究,就是记叙与分析相结合并以议论为主的一种写法,最后形成了《"迷你图书馆"何以风靡全球》[34]一文。该文章组成结构如下:

1. "迷你图书馆"的兴起过程
2. "迷你图书馆"在中国的流行
3. "迷你图书馆"的运行方式
(1) 经费的求解之道
(2) 讲究专业的团队运作
(3) 志愿者的自我管理
(4) 开放透明的运作流程
4. "迷你图书馆"的社会作用
(1) 延伸公共图书馆服务
(2) 激发民众阅读需求
(3) 制造社区温暖氛围
(4) 开发人际交流网络
(5) 提升社会诚信水平
(6) 促进社会各界聚焦公益小项目
5. "迷你图书馆"运动的启示
(1) 文化的创新活力来自于民间
(2) 技术创新不是图书馆服务创新的唯一选项
(3) 图书馆服务创新更应关怀社会基层民众

文章的第一二部分主要是案例描述,采用历史研究的方法,梳理"迷你图书馆"是怎样在国外、国内兴起与传播开来的,属于按照动态顺序"纵向的描述";第三部分是梳理"迷你图书馆"的运行方式,展示其内在机理,属于按照静态顺序"横向的描述";第四部分分析"迷你图书馆"的作用、价值,属于从事实中抽象出意义的"表象的分析";第五部分是针对案例意义提炼出来的理性认识,属于"深层的分析"。由此可见,"迷你图书馆"案例介绍虽然很重要,但没有构成本文的主体,作者真正想说的话是在分析部分,即让人们感知到"迷你图书馆"的理念就是以图书为载体,实现信任、分享与传递的内在含义。

那么案例报告如何写作呢？案例研究报告的结构没有定规，有线性分析式（子题目依研究问题或项目顺序线性地排序）、时间排列式（子题目可依早、中、后期等时间顺序排序）、比较结构式（在群案研究中进行比较叙述，或个案因阐释方法不同可以反复叙述、解释）、理论建构式（章节顺序按理论建构的逻辑安排，这种结构适合阐释型、探索型案例写作）、悬念式（答案在前，引出过程，适合描述型案例分析），甚至还有无序（混合）式等[35]。无论用哪种写作方式，案例报告的写作通常应包括以下部分：

（1）案例的提示部分，交代研究缘起、目的、材料的收集与方法等；

（2）案例的描述部分，对案例及其情景的描述，包括时间、地点、人物、案例过程、结果等；

（3）案例的分析部分，形成论题并给予论证，包括介绍分析工具（原理、方法、路径）、分析结论等；

（4）案例的结论部分，简短陈述依据案例建构出来的理论观点、解决问题的有效方法及其适应性等。

案例文章的写作还应把握好以下两个事项：

（1）案例文章可以在研究早期就撰写出部分内容，不必最后才动笔写作。早期有了部分成熟的写作片断，有助于案例报告或案例论文一气呵成。

（2）案例文章的写作，虽然重点在于分析、理论建构部分，但整体上要求案例叙述、案例分析、理论建构三部分内容要环环相扣，融为一体，每部分都不能过于简略或语焉不详，任何一个环节质量不高，都会影响案例报告或案例论文的整体水平。

5.4　引文分析文章的写法

余英时（1930—）先生说，他一直欣赏西方学术界流行一句老话，一个研究工作者的最大荣誉是姓名能出现在其他学人著作的"脚注"（footnote）中，而不是在报纸的"头条"（headline）新闻上[36]。这说明学术引文在西方学者眼中是十分重要的。美国史学家安东尼·格拉夫敦（Anthony Grafton，1950—）还专门写过一本叫《脚注趣史》（1995年）的书，他在书中言，脚注的出现"将现代史学与传统史学分割开了"，"只有运用脚注才能让历史学家使他们的文本不是一个人独白，而是由现代学者、他们的先辈及他们的研究对象一起参与的对话。"[37]将学术引文作为研究对象，并发展出了引文分析方法，这是图书馆学一个重要的学术贡献。

引文分析（citation analysis）是运用数学、统计学方法定量地研究文献引用与被引用的现象，以求寻找出某些有价值知识规律的方法。引文分析的基础是数学概率论与数理统计,因此引文分析属于量化的实证研究方法。

引文分析法有适用广泛性、使用简易性的特点,因为凡是有引文的学术著述都可以适用引文分析对其进行研究,而且操作简单,不需要复杂的统计手段。引文分析法是从图书情报长期实践中生成的,它不仅能揭示学术研究规范性,还具有筛选核心期刊(文献)、发现学科文献老化规律、表征学科结构及学科之间相关度、描述学术谱系与学术流派研究路径、评价学者学术影响力等功能。这些发现、评价功能都是其他科学研究方法所不具备的,所以它被认为是图书情报学中的专门方法。近十几年来,引文索引和引文分析研究成为了图书馆情报学的热点。有作者统计,仅从 2000 年至 2008 年,国内外公开发表的相关文献就有 4,000 多篇[38]。

5.4.1 引文分析研究的几个案例

1. 测定学科之间的影响,发现相关学科关系

2005 年有篇硕士论文题为《利用引文分析图书馆学的相关学科》,该论文选择了《中国图书馆学报》等 10 种图书馆学期刊,统计其 1996 年到 2002 年偶数年间刊出论文的参考文献的学科来源,发现这一时期与图书馆学相关的学科为:高度相关的主要是计算机科学(引用文献比值在 20% 以上),中度相关的主要是经济学、教育学、法学、管理学(引用文献比值在 20%～10%),一般相关的学科有文化研究(引用文献比值在 10%～4%),低相关学科则有马列主义、哲学、科学学、历史学、社会学等(这类引用文献的平均比值在 4% 以下)。其研究不仅揭示出了图书馆学相关学科的相关度,也说明了图书馆学相关学科的层次性、动态性。如图书馆学不同分支领域对不同相关学科依赖程度不同(图书馆自动化、网络化与信息检索对计算机技术有高依赖性,图书馆管理对经济学、管理学有高依赖性等);图书馆学理论在 1996 年、1998 年相关性最大的是教育学,而 2000 年、2002 年最相关的则变为经济学[39]。

图书情报学对其他学科的影响力也各不相同。苏新宁教授通过《中文社会科学引文索引》(CSSCI)2001 年至 2008 年间的数据分析发现,引用图书情报学论文超过 2,000 篇的学科依次是管理学(2,632)、新闻学与传播学(2,551),超过 1,000 篇的是经济学(1,388 篇)、教育学(1,302 篇)、法学(1,137 篇),其他学科引用图书情报学文章次数相对较少,如历史学(341)、哲学(234)、中国文学(194)、体育学(158)、社科综合类(113)、文化学(105)。这些学科引用图书情报学文章的主题分布特点是:管理学主要引用的是"信息管理"和"知识管理"等;新闻传播学主要引用的是"信息传播"和"期刊评价"等;经济学引用的有"信息消费"和"信息经济学";教育学则为"信息素质教育"和"网络学习";法学主要涉及"知识产权";历史学主要与文献学文章相关[40]。这个研究属于"由外向内推"的实证分析方法,可以描绘出某时期与图书情报学密切相关的学科图谱。

总之,通过引文分析发现学科相关度的方法不仅适用于相关学科研究,扩大之还可以测定某一学科的影响力和某些学科在国际上的影响力。

2. 通过高被引,筛选具有影响力的文献

有学者指出,《中文社会科学引文索引》(Chiness Social Science Citation Index,CSSCI)收录论文的引用文献,图书所占比例高达50%以上,因此,可以利用引文分析法,对"图书馆、情报与文献学"学科论文引用的图书进行统计,筛出该学科领域最有学术影响的国内外学术著作[41]。贾洁对2000年至2007年CSSCI收录"图书馆、情报与文献学"一级学科引用图书的情况进行了分析,发现了此期间被引次数超过25次、出版后年均被引5次以上的有189种国内外学术著作。其中中国的110种、外国的27种。中外学术著作的前10名分别如表5-3、表5-4所示[42]:

表5-3 "图书馆、情报与文献学"论文引用最多的国内学者著作

序号	著作	被引次数
1	吴建中.21世纪图书馆新论[M].上海:上海科学技术文献出版社,1998,2003.	202
2	徐引篪,霍国庆.现代图书馆学理论[M].北京:北京图书馆出版社,1999.	198
3	孟广均,等.信息资源管理导论[M].北京:科学出版社,1998,2003.	164
4	邱均平.文献计量学[M].北京:科学技术文献出版社,1988.	163
5	吴慰慈,邵巍.图书馆学概论[M].北京:书目文献出版社,1985. 吴慰慈,董焱.图书馆学概论[M].北京:北京图书馆出版社,2002.	154
6	孟广均,等.国外图书馆学情报学研究进展[M].北京:北京图书馆出版社,1999.	150
7	严怡民,等.现代情报学理论[M].武汉:武汉大学出版社,1996.	124
8	严怡民.情报学概论[M].武汉:武汉大学出版社,1983.1994.	123
9	郭庆光.传播学教程[M].北京:中国人民大学出版社,1999.	119
10	黄宗忠.图书馆学导论[M].武汉:武汉大学出版社,1988.	112

表5-4 "图书馆、情报与文献学"论文引用最多的国外学者著作

序号	著作	被引次数
1	[美]尼葛洛庞帝.数字化生存[M].胡泳,范海燕,译.海口:海南出版社,1996,1997.	95
2	[印]阮冈纳赞.图书馆学五定律[M].夏云,等译.北京:书目文献出版社,1988.	70

续表

序号	著作	被引次数
3	[加]马歇尔·麦克卢汉.理解媒介：论人的延伸[M].何道宽,译.北京：商务印书馆,2000.	63
4	[美]阿姆斯.数字图书馆概论[M].施伯乐,等译.北京：电子工业出版社,2001.	61
5	[美]威尔伯·施拉姆,威廉·波特.传播学概论[M].陈亮,等译.北京：新华出版社,1984.	60
6	[美]沃纳·赛佛林,小詹姆斯·坦卡德.传播理论：起源、方法与应用[M].郭镇之,等译.北京：华夏出版社,2000.	51
7	[加]韩家炜,坎伯.数据挖掘：概念与技术[M].范明,等译.北京：机械工业出版社,2001.	46
8	[英]丹尼斯·麦奎尔,[瑞典]斯文·温德尔.大众传播模式论[M].祝建华,武伟,译.上海：上海译文出版社,1987,1997.	42
9	[苏]米哈依洛夫,等.科学交流与情报学[M].徐新民,等译.北京：科学技术文献出版社,1980.	41
10	[德]哈贝马斯.公共领域的结构转型[M].曹卫东,等译.上海：学林出版社,1999.	39

从引用量来看,对"图书馆、情报与文献学"领域产生主要学术影响力的是国内学术著作。国外学术著作被引次数都明显偏低,说明国外学术著作对本领域学术影响力不如国内。另外,国外的著作有5种为传播学领域的,说明在2000年至2007年间,传播学对"图书馆、情报与文献学"的影响力较大。

3. 根据H指数等,评价学者的学术影响力

2005年,美国加州大学圣地亚哥分校物理学教授乔治·赫希(Jorge E. Hirsch,1953—)提出了评价科研人员个人绩效的一种方法——H指数(H-index)。"H"代表"高引用次数"(high citations)。一个学者的H指数是指其发表的n篇论文中,最多有h篇论文每篇论文的引文数量最少为h次[43]。这是永远处于动态的论文产出率与引文影响力相结合的一个测度指标。例如,赫希的H指数是49,表示在他已发表的论文中,被引用超过或至少达到49次的论文总共有49篇。赫希认为H指数能反映一个人的学术绩效,即一个人的H指数越高,则表明他的论文影响力越大。他甚至提出,研究性大学晋升副教授的教师,其H指数应达到12的标准;晋升正教授的教师,其H指数应达到18的标准[44]。

例如,我们利用中国知网检索当代图书馆学家黄宗忠先生(1931—2011)的发表的论文,就可以通过每篇论文的引用情况,得出黄宗忠先生的H指数为29①,如

---

① 学者的H指数是动态的,因检索日期为2016年4月28日,故黄宗忠先生H指数"29",仅为截至此时间(CNKI)的指数数值。

表 5-5 所示。

表 5-5 黄宗忠先生高被引论文及其 H 指数

序号	题名	作者	来源	发表时间	被引次数
1	论 21 世纪的虚拟图书馆与传统图书馆（上）	黄宗忠	图书馆理论与实践	1998-02-15	275
2	论图书馆的新模式：复合图书馆	黄宗忠	图书情报知识	2002-06-30	234
3	论 21 世纪的图书馆	黄宗忠	图书与情报	1996-06-30	192
4	论复合图书馆与图书馆发展趋向	黄宗忠 王晓燕	图书馆论坛	2002-10-30	172
5	服务是图书馆的永恒主题：兼评国外图书馆服务的新理念、新方法	黄宗忠	图书馆论坛	2005-12-30	130
6	论图书馆核心价值（上）	黄宗忠	图书馆论坛	2007-12-20	99
7	中国图书馆事业与改革	黄宗忠	图书馆建设	1993-03-02	95
8	论 21 世纪的虚拟图书馆与传统图书馆（下）	黄宗忠	图书馆理论与实践	1998-05-15	78
9	数字图书馆发展的新阶段：关于 Google、欧洲数字图书馆筹建的评价与对策	黄宗忠	图书情报知识	2005-10-30	64
10	论图书馆核心价值（下）	黄宗忠	图书馆论坛	2008-02-20	57
11	论图书采访学	黄宗忠	图书馆	1997-08-30	56
12	转变办馆理念，以提高图书馆服务档次为重心，推动我国图书馆事业持续发展	黄宗忠	图书馆	2008-02-15	53
13	改革开放 20 年的中国图书馆事业	黄宗忠 黄力	图书馆	1999-04-30	49
14	论图书馆学研究的专门方法	黄宗忠	四川图书馆学报	1994-01-28	46
15	改革开放以来中国图书馆事业的回顾与展望：中华人民共和国成立 45 周年纪念	黄宗忠	图书馆	1994-10-30	45
16	中国新型图书馆事业百年（1904—2004）	黄宗忠	图书馆	2004-04-15	41
17	关于图书馆学研究对象、定义、功能的新思考（上）	黄宗忠	图书馆论坛	2003-12-30	40
18	网上书店与图书馆文献采访的未来	黄宗忠	图书馆	2000-10-30	40
19	论图书馆创新	黄宗忠	图书馆论坛	2010-12-20	37

续表

序号	题名	作者	来源	发表时间	被引次数
20	创新我国图书馆管理	黄宗忠	图书与情报	1994-06-30	37
21	《图书馆服务宣言》专家笔谈	吴建中 胡越 黄宗忠	中国图书馆学报	2008-11-15	36
22	论图书馆制度	黄宗忠	图书馆论坛	2008-12-20	36
23	图书馆学体系的沿革与重构	黄宗忠	图书与情报	2003-06-30	35
24	对图书馆定义的再思考	黄宗忠	图书馆学研究	2003-06-30	33
25	20世纪100年图书馆学基础理论的研究与进展及其评介(上)	黄宗忠	晋图学刊	1998-06-30	33
26	浅论图书馆学基础理论的研究与发展趋势	黄宗忠	图书馆杂志	1999-01-15	33
27	充分发挥图书馆功能	黄宗忠	图书馆论坛	2011-12-20	32
28	论20世纪的图书馆	黄宗忠	图书情报知识	1996-03-15	32
29	试论文献信息学	黄宗忠	图书情报知识	1990-12-31	31
30	论我国公共图书馆事业(上)	黄宗忠	江苏图书馆学报	2000-02-29	29

从对一些顶尖科学家的分析结果看,H指数确实具有一定的评价价值,特别是在评估小论文集合时有很大的优势。但它也存在一定的弊端,比如过度依赖引文数据库,自引可以增加H指数,没有解决跨学科比较的问题[45],无法识别研究团队多人署名论文中每位作者的贡献率[46],不利于论文数量少而被引频次高的学术新锐的社会评价[47]等。所以后来也出现了一些对H指数的修正、补充或完善的方法,衍生出来了G指数、A指数、R指数、AR指数、P指数等,拓展了H指数的适用范围。

G指数(G-index)是比利时著名科学计量学家埃格赫(Leo Egghe,1952—)在分析H指数评价效果时,提出的一种基于学者以往贡献的新的指数分析工具,即将论文按被引次数高低排序,并且将排序的序号平方,被引次数逐次累加,当序号平方等于累计被引次数时,这时的序号数值就被定义为G指数。如果序号平方不能恰好等于而是小于对应的累计被引次数,则最接近累计被引次数的序号是G指数。G值越大,表明学者的学术成就越大[48],同时对那些论文产出少但被引频次高的学者、机构的评价更显公正。例如表5-6中黄宗忠先生的G指数为51。这一指标主要特点是考虑了学者以往发表论文对其后续学术生涯的影响,将知识累积性和继承性作为了重要考量因素。

表 5-6　黄宗忠先生高被引论文及其 G 指数

序号/ 序号平方	题名	作者	发表时间	被引次数	累计被引次数
1/1	论 21 世纪的虚拟图书馆与传统图书馆（上）	黄宗忠	1998-02-15	275	275
2/4	论图书馆的新模式：复合图书馆	黄宗忠	2002-06-30	234	509
3/9	论 21 世纪的图书馆	黄宗忠	1996-06-30	192	701
4/16	论复合图书馆与图书馆发展趋向	黄宗忠 王晓燕	2002-10-30	172	873
…	……	…	……	…	…
29/841	试论文献信息学	黄宗忠	1990-12-31	31	2,141
30/900	论我国公共图书馆事业（上）	黄宗忠	2000-02-29	29	2,170
…	……	…	……	…	…
50/2,500	20 世纪 100 年图书馆学基础理论的研究与进展及其评介（下）	黄宗忠	1998-09-30	17	2,608
51/2,601	文献信息传播理论初探	黄宗忠	1993-01-31	17	2,625
52/2,704	试论图书情报档案一体化的发展趋势	黄宗忠	1986-06-30	17	2,642

当黄宗忠先生的 H 指数为 29，而相应的累计被引次数为 2,141 时，累计总数 2,141/29＝73.82，这就得出了黄宗忠先生的 A 指数[49]，即根据 Hirsch 核心论文（被引次数≥h 的全部论文）的总被引次数除以 h 的平均数[50]。A 指数可以反映相同 H 指数的学者，谁的被引频次更高。

H 指数、G 指数、A 指数等不仅可以测量学者学术成果的影响力，还可以测量学术期刊、学术机构的影响力。当然，H 指数及其衍生的系列改进指数，虽然可以成为科学计量学和科技管理学的一种工具，但其自身的天然不足，导致其评价功能也是有很大局限性的。

5.4.2　引文分析的局限性

引文分析的局限性，体现得最明显的是在学者学术水平的评价上。在此有必要强调，目前建立在引文分析基础上的学术水平的评价工具，基本上都是不完全科学、不完全合理的。

1. 被引次数多的文献并不能说明其学术水平高

引用他人文章是因为"有用"。而有怎样的用、用到了什么程度，这却是一个复杂的问题。"从引文性质上看，引文有正面、中性和负面之分；从引文层次上看，有深度、中度和浅度之分。"[51]此外，还不能排除那些献媚式、友情式、自吹式等异化了的引用[52],所以,引用与被引用关系的复杂性在简单计量中不易展示。简单统计被引用次数说明不了一篇文章的学术水平。也就是说,一篇文章被引用率高,在一定程度上说明其影响力较大,但要证明其学术水平高则还需要另外的方式或工具。

2. 引用者在引用文献时受到可获得性条件的影响

被引文献获得的方便性(如来自个人藏书、就近的图书馆、经常使用的数据库)往往增加了引用者对其引用的数量。有时其他一些因素,如引用者与被引用者具有师生或同学关系,也可能因其可获得性强而增加引用数量。这些因素与被引论文的质量高低没有强关联关系,不能表征其引用的文章就是最好的。

3. 受马太效应的影响,高引用率的文献往往更容易被人引用

如排在被引率高端的论文可能获得新的引用频次。由于学术研究者倾向于引用高档次学术期刊上的论文,加之高档次的学术刊物具有较高的权威性、可信度,所以影响因子高或社会评价高的所谓权威期刊的文章,被引用率就超过了一般性学术期刊上的论文。某些研究者为抬高身价,也会多引名家的文献。名家的文献因被众人所引用,以至引起连锁反应,可导致其引文率很高。

在引文研究中,"引文分析"与"引用分析"是两个不同的概念。引文(reference)出现在文章的页下或文后,是引用的对象;引用(citation)出现在文章正文,是引用的行为。因此,以引文著录信息为分析载体的引用文献分析,与深入施引文献内部考察引用动机与作用的引用内容分析,是引文分析的两个不同范式。有学者认为,引用内容分析是基于引文分析基础理论,借助文本挖掘和自然语言处理等技术,从施引文献的全文入手,聚焦于引用的片段,对引用频次、引用位置和引用文本的内容主题进行的挖掘和研究。其中,引用频次分析可应用于学术评价,引用位置分析可应用于信息检索,引用主题分析可应用于知识演化与发现等领域[53]。另有一篇文章选取了2007(创刊年)至2012年发表在 *Journal of Informetrics* (JOI)期刊上的所有学术论文作为案例,统计出每篇文章的引用个数和引文篇数,计算引用个数与引文篇数之间的相关系数,分析引用和引文之间的多对多关系。作者提出并使用了一种新的加权的计算引文总被引次数的方法,用该方法与传统引文分析方法作对比试验,结果发现,不仅部分高被引论文列表发生了次序变化,还识别出了最新发表的高被引论文[54]。

这些观点与实证案例的出现,表明引文分析理论与方法正在试图通过开辟新的发展空间来突破自身的局限性。引文分析方法正在从重视静态结果到重视动态过程的范式发生转变。引文分析方法将更多地用于揭示人类知识的相互作用、知识增值与扩散方式等,以此构建合理的知识交往的理性。这是很值得关注与研究的一种学术发展倾向。

总之,切忌使用引文分析方法来衡量学者、文章、刊物的学术水平。当代中国

大学、研究院所一刀切地用"核心期刊"来衡量学术论文水平的做法是有害的。尽管政策制定与执行者都是各单位的行政管理部门,但通过引文分析等方法制造出来的"核心期刊"的过度应用,还是给图书馆学带来了恶名。如人文学者陈平原就曾公开表示,人文学科"好论文不见得发在影响因子最高的杂志上,用图书馆学家的眼光与方法来引导学术,不是一个好的思路。"[55]那么好的学术水平的评价方法是什么呢?至少到目前为止,"同行评议"(peer review)还是国内外学术界公认的最好学术评价方式。

5.4.3 引文分析文章的写作方法

1. 建立假说等理论预设

在进行引文分析研究之前,要提出某种假设,之后才能选择分析方法、路径。如做研究的人一般都会认为:一篇论文的水平越高,该文就越可能被多次引用。但是加拿大魁北克大学的文森特·拉里维埃尔(Vincent Larivière)和伊夫斯·金格拉斯(Yves Gingras)则怀疑,除了论文水平,论文发表期刊的影响因子(impact factor,即期刊前两年发表论文的被引用总次数除以该期刊在前两年内发表的论文总数)的大小也影响着论文被引用状况,即存在着"马太效应"[56]。

2. 设定操作方案或技术路径

为了证实这一假说,文森特·拉里维埃尔和伊夫斯·金格拉斯在汤森路透科技集团生产的"科学引文数据库"(web of science)中寻找重复发表的论文。因为只有用重复发表的文章才能确定出没有争议的"自变量"。他们先要对"重复发表"给予一个操作性的定义:① 两篇文章标题完全一样;② 第一作者姓名完全一样;③ 两篇文章具有相同数量的引用参考文献。他们总共找出了4,918组重复发表的论文,其中4,532组论文发表在影响因子有差异的刊物上(因同质性原因,那些重复发表超过两次的文章被排除在外)。这些重复发表的文章大概有80%是发表在同一年或次年[57]。

这个操作方案可以说是别出心裁。一稿两投和重复发表论文,这是学者们在学术原始积累和学术生涯的成长期中经常出现的事情,他们既希望自己的文章能顺利发表,也希望能够发表高级别的刊物上,而学术名家因发表论文相对容易以及顾及自身形象则很少出现这种情况。一稿两投和重复发表论文的普遍存在本身是不道德的事情,但它却为引文分析研究人员提供了不可多得的好素材。

3. 进行数据统计分析

拉里维埃尔与金格拉斯对这4,532组论文被引状况进行对比分析,发现发表在影响因子较高刊物上的论文被引次数,要比影响因子较低刊物上相同内容论文的被引次数,平均高出1倍。文章是一样的文章,被引次数却有差异,说明"一篇论文的内在价值不是它是否会被引用的唯一原因。从这一意义来说，期刊存在明确的马太效应，这给予期刊所载论文一种超越于内在价值本身的附加价值。"[58]

4. 谋篇布局、撰写论文

得出了研究结果，就进入论文写作环节。拉里维埃尔与金格拉斯根据一般实证文章的写作要求，将论文的结构划分为"导言"(introduction)、"材料和方法"(materials and methods)、"结果"(results)、"讨论与结论"(discussion and conclusion)、"致谢"(acknowledgments)、"参考文献"(references)6个部分。

作者在"导言"里介绍了马太效应及其在学术论文发表现象中的体现，提出了作者的假设、研究意义；在"材料和方法"里论述了实证研究的数据等资料来源及其获取方式，叙述了采用的研究方法；在"结果"里对实证研究结果进行描述、归纳、总结；在"讨论与结论"里提出作者的观点与结论；在"致谢"里对所给予帮助的人进行鸣谢。文森特·拉里维埃尔和伊夫斯·金格拉斯的这篇文章《影响因子的马太效应：文献计量学的一项自然实验》(*The Impact Factor's Matthew Effect: A Natural Experiment in Bibliometrics*)[59]刊于2010年第2期《美国信息科技学会会刊》(*Journal of the American Society for Information Science and Technology*, JASIST)上。

参考文献

[1] [美]克里斯韦尔. 质的研究及其设计：方法与选择[M]. 余东升，译. 青岛：中国海洋出版社，2008：17-18.

[2] [美]诺曼·K. 邓津，伊冯娜·S. 林肯. 定性研究（第3卷）：经验资料收集与分析的方法[M]. 风笑天，等译. 重庆：重庆大学出版社，2007：[作者前言]Ⅳ.

[3] [英]Matthew David, Caroie D. Sutton. 研究方法的基础[M]. 王若馨，等译. 台北县永和市：韦伯文化国际出版有限公司，2007：572-573.

[4] 徐建华，王翮然，李盛楠. 2013年图书馆学期刊问卷调查法文章的总体分析[J]. 图书与情报，2014(6)：24-27,108.

[5] [美]Malcolm Williams. 研究方法的第一本书[M]. 王盈智，译. 台北县永和市：韦伯文化国际出版有限公司，2005：154-155.

[6] 郝大海. 社会调查研究方法[M]. 北京：中国人民大学出版社，2005：122.

[7] 林聚任，刘玉安. 社会科学研究方法[M]. 济南：山东人民出版社，2004：233.

[8] 同[6], 123.

[9] 同[5], 111.

[10] 袁方,王汉生.社会研究方法教程[M].北京:北京大学出版社,1997:209-220.

[11] 同[10],220-224.

[12] 水延凯,江立华.社会调查教程[M].6版.北京:中国人民大学出版社,2014:81.

[13] 同[5],104-106.

[14] 邱奉捷,王子舟.北京市残疾人阅读及公共图书馆利用情况的调查报告[J].图书馆,2009(3):50-55,61.英文发表:Qiu Fengjie,Wang Zizhou. A questionnaire survey on reading and public library utilization of the disabled in Beijing[J]. Chinese Journal of Library and Information Science (CJLIS),2009,2(3):62-81.

[15] [英]朱迪思·贝尔.社会科学研究的基本规则[M].马经标,等译.4版.北京:北京大学出版社,2008:11.

[16] [瑞典]芭芭拉·查尔尼娅维斯卡.社会科学研究中的叙事[M].鞠玉翠,等译.北京:北京师范大学出版社,2010:63.

[17] [丹麦]Steinar Kvale.访谈研究法[M].陈育含,译.台北县永和市:韦伯文化国际出版有限公司,2010:5-6.

[18] [英]希拉里·阿克塞,彼得·奈特.社会科学访谈研究[M].骆四铭,等译.青岛:海洋大学出版社,2007:序.

[19] 瞿海源,等.社会及行为科学研究法(二):质性研究法[M].北京:社会科学文献出版社,2013:44-45.

[20] 同[16],66.

[21] 同[17],44.

[22] [美]安德里亚·方塔纳,詹姆斯·H.弗里.访谈:从结构式问题到引导式话题[M]//[美]诺曼·K.邓津,伊冯娜·S.林肯.定性研究(第3卷):经验资料收集与分析的方法.风笑天,等译.重庆:重庆大学出版社,2007:699.

[23] 李向平,魏杨波.口述史研究方法[M].上海:上海人民出版社,2010:146.

[24] [美]唐德刚.史学与文学[M].上海:华东师范大学出版社,1999:2-3.

[25] 柯愈春.文华师长访谈录[J].图书情报知识,2010(4):112-124.

[26] 同[17],27.

[27] [美]罗伯特·K.殷.案例研究方法的应用[M].周海涛,等译.2版.重庆:重庆大学出版社,2004:13.

[28] 王子舟,马艳霞.民间读书社的兴衰与新生[J].中国图书馆学报,2006(6):21-27.
[29] 费孝通.社会调查自白:怎样做社会研究[M].上海:上海人民出版社,2009:302-303.
[30] 陈涛.个案研究"代表性"的方法论考辩[J].江南大学学报(人文社会科学版),2011(3):64-68.
[31] 徐传德.南京教育史[M].北京:商务印书馆,2006:310-311.
[32] [美]罗伯特·K.殷.案例研究:设计与方法[M].周海涛,李永贤,张蘅,译.3版.重庆:重庆大学出版社,2004:92-115.
[33] 同[32],117-124.
[34] 王子舟,王一帆,丁娜."迷你图书馆"何以风靡全球?[J].图书馆,2015(5):10-16.全文转载于:新华文摘[J].2015(15):146-151.
[35] 同[32],161-165.
[36] 何俊.师英录[M].上海:上海辞书出版社,2014:28.
[37] [美]安东尼·格拉夫敦.脚注趣史[M].张弢,王春华,译.北京:北京大学出版社,2014:24,312.
[38] 苑彬成,方曙,刘清,张晋辉.国内外引文分析研究进展综述[J].情报科学,2010(1):147-153.
[39] 唐小荃.利用引文分析图书馆学的相关学科[D].武汉:武汉大学信息管理学院,2005:88-104.
[40] 苏新宁.提升图书情报学学科地位的思考:基于CSSCI的实证分析[J].中国图书馆学报,2010(4):47-53.
[41] 苏新宁.我国人文社会科学图书被引概况分析:基于CSSCI数据库[J].东岳论丛,2009(7):5-13.
[42] 贾洁.我国"图书馆、情报与文献学"图书学术影响力报告:基于CSSCI的分析[J].中国图书馆学报,2010(2):56-69.
[43] [比利时]Wolfgang Glänzel.也谈h指数的机会和局限性[J].刘俊婉,译.科学观察,2006(1):10-11.
[44] [美]J.E.Hirsch.衡量科学家个人成就的一个量化指标[J].刘俊婉,译.科学观察,2006(1):2-7.
[45] 张镧,张志转.关于h指数及其扩展指标的讨论[J].安徽农业科学,2009,37(24):11839-11840,封3.
[46] [荷]Henk F.Moed.h指数构建有创意,用于评价要谨慎[J].刘俊婉,译.科学观察,2006(1):15.

[47] 同［43］.

[48] 姜春林,刘则渊,梁永霞.H指数和G指数:期刊学术影响力评价的新指标[J].图书情报工作,2006(12):63-65,104.

[49] [比利时]Ronald Rousseau.Hirsch指数研究的新进展[J].刘俊婉,译.科学观察,2006(4):23-25.

[50] 张静.国外h指数研究概述[J].社会科学管理与评论,2009(4):52-64.

[51] 叶继元.引文的本质及其学术评价功能辨析[J].中国图书馆学报,2010(1):35-39.

[52] 刘玉仙,武夷山.关于引文本质的思考[J].科学学研究,2015,33(12):1779-1786,1782.

[53] 刘盛博,丁堃,张春博.引文分析的新阶段:从引文著录分析到引用内容分析[J].图书情报知识,2015(3):25-34.

[54] 胡志刚,陈超美,刘则渊,等.从基于引文到基于引用:一种统计引文总被引次数的新方法[J].图书情报工作,2013(21):5-10.

[55] 王烨,陆艳,采访.陈平原,受访.人文学科的评价标准:答复旦大学"人文社科评估标准项目"课题组问[N].中华读书报,2016-04-06(13).

[56] 武夷山.重复发表现象在全世界居然如此严重[N].中华读书报,2010-07-21(10).

[57] Vincent Larivière,Yves Gingras. The Impact Factor's Matthew Effect: A Natural Experiment in Bibliometrics[J]. Journal of the American Society for Information Science and Technology,2010,61(2):424-427.

[58] 同[57].

[59] 同[57].

第六章 学术史论文的写法

6.1 为什么要研究学术史

英国哲学家以赛亚·柏林(Isaiah Berlin,1909—1997)说过,"真正的知识是关于事情为何如此的知识,而不仅仅是它们是什么的知识。"[1]学术史,就是柏林所说的一种"关于事情为何如此的知识"。

古人讲"读书须先识字",同理,做学问要先通学术史,即应下一番"辨章学术,考镜源流"的工夫。近代学术大师梁启超,他的学问就是建立在对学术史稔熟基础之上的。梁任公的《清代学术概论》(1920年)、《中国近三百年学术史》(1924年),作为学术史名著曾影响了几代学人。在梁任公的眼里,20世纪初的中国学术是明清以来数百年的一个接续,只有把这段时期学术演进的传统、脉络、流变梳理清楚,才能提出新问题、新思想,把握新的学术导向。

现在我们反复强调"学术创新",如前所述,我理解的学术创新至少应具有下面五种条件之一:是否发明了一种新概念或提出一个新观点,或是否获得了一种新的可作为实证根据的资料来源,或是否采用了一种新的研究方法,或是否开辟了一个新的有价值的研究领域,或是否创立了一种新的研究范式。具有上述任何一种情况都属于创新。而无论哪种创新,都离不开对学术史的研究,否则你怎么知道这是你的"创新"?正如邓正来(1956—2013)所说,现有的知识存量都是从学术传统中生长和发展起来的,如果离开了学术传统,我们就不知道自己的学术观点是否已被先贤详释,不知除了实际效用外还可以从何处获得对增量知识的评判标准,当然也就谈不上所谓的知识增量和学术创新的问题了[2]。而且,在学术史研究中能够提出有价值的新问题、做出合理的新解释,这本身就是学术创新。

6.2 学术史叙述的几种范式

学术史的写法大致有以下五种方法:以书为纲、以人为纲、以时为纲、以词为纲(从概念演变入手)、以题为纲(依据主题、面向、事件、流派等)等。

6.2.1 "以书为纲"的写法

"以书为纲"的方法,就是以不同时期的经典著作为主线来表述思想史、学术史。这是中国最传统的学术史研究法。从刘歆《七略》以来,历代纪传体史书中的艺文志、经籍志都是使用的这个方法,影响也较为深远。

以脱胎于《七略》的《汉书·艺文志》为例,它将中国汉代及以前的学术分为"六艺"、"诸子"、"诗赋"、"兵书"、"术数"、"方技"六大类,每大类又包括一些小类。然后每类列出书目,再给出一个归纳性、总结性的结语(通常被称为"小序"),如"诸子略"里最后一小类"小说家"的内容为:

《伊尹说》二十七篇。其语浅薄,似依托也。

《鬻子说》十九篇。后世所加。

《周考》七十六篇。考周事也。

《青史子》五十七篇。古史官记事也。

《师旷》六篇。见《春秋》,其言浅薄,本与此同,似因托之。

《务成子》十一篇。称尧问,非古语。

《宋子》十八篇。孙卿道宋子,其言黄、老意。

《天乙》三篇。天乙谓汤,其言非殷时,皆依托也。

《黄帝说》四十篇。迂诞依托。

《封禅方说》十八篇。武帝时。

《待诏臣饶心术》二十五篇。武帝时。

《待诏臣安成未央术》一篇。

《臣寿周纪》七篇。项国圉人,宣帝时。

《虞初周说》九百四十三篇。河南人,武帝时以方士侍郎,号黄车使者。

《百家》百三十九卷。

右小说十五家,千三百八十篇。

小说家者流,盖出于稗官。街谈巷语,道听途说者之所造也。孔子曰:"虽小道,必有可观者焉,致远恐泥,是以君子弗为也。"然亦弗灭也。闾里小知者之所及,亦使缀而不忘。如或一言可采,此亦刍荛狂夫之议也[3]。

《汉书·艺文志》这段文字分两部分,上部分止于"右小说十五家,千三百八十篇。"一句,属于排列的书目单子,以及数量总计交代。这个书目单子可不简单,不仅有书名、篇数的介绍,还有简短的提要,或叙作者,或记时代,或详体例,或考真伪,或指优劣。可惜,所列 15 部书在隋唐以后都已亡佚了。

下部分从"小说家者流"到结尾,是《汉书·艺文志》对"小说家"这一类目的小序,这部分对此类文献的起源、内容特点、社会功能等做了分析与评论。小说,在汉代又被人称为"丛残小语"[4],即民间口传驳杂短语之记载。《汉书·艺文志》上下两部分文字结合在一起,就使人能够全面地了解汉代"小说"文献的概貌、源流及其学术特点。

"以书为纲"的学术史体裁主要是目录学著作,古代集大成者是《四库全书总目提要》。当代学术史也有按照"以书为纲"的方式来写的。鲁迅的《中国小说史略》(1935年),每一篇的内容就是"以书为纲"来铺叙的,如《中国小说史略》目录中的第三篇、第四篇内容为:

第三篇《汉书》《艺文志》所载小说

  《汉志》所录小说今俱佚。《伊尹说》。《鬻子说》。《青史子》。《师旷》。《虞初周说》。《百家》。《务成子》及《宋子》。

第四篇 今所见汉人小说

  见存汉人小说皆伪托。东方朔《神异经》,《十洲记》。班固《汉武故事》,《汉武内传》。郭宪《汉武洞冥记》。刘歆《西京杂记》。伶玄《飞燕外传》及汉人《杂事秘辛》[5]。

图书馆学领域也有这样的学术史作品,如王重民先生的《中国目录学史论丛》(1984年)。他写的目录学史基本上是"以书为纲"的:从向歆父子的《七略》到班固的《汉书·艺文志》,再到王俭的《七志》和阮孝绪的《七录》、魏徵的《隋书·经籍志》、郑樵的《通志·艺文略》与《通志·校雠略》等,窄巷宽衢,一路写下来,阐述不同时代的目录学演变过程。下面是《中国目录学史论丛》的目录:

中国目录学史(先秦至宋末元初)
 第一章 我国古代目录学的发生、发展和系统目录的建成
  第一节 我国目录学产生在奴隶社会时期
  第二节 我国目录学在孔子校订六经和战国百家争鸣时期的发展
  第三节 系统目录的建成
  第四节《七略》在目录学上的成就和对后世的影响
 第二章 古代中古前期我国图书目录事业的进一步发展
  第一节 政治、经济、文化背景
  第二节 东汉西晋的官修目录与《汉书·艺文志》
  第三节 南北朝的官修目录
  第四节《七志》和《七录》
  第五节 专科目录
  第六节 目录学方法理论的发展
 第三章 古代中后期我国图书目录事业的发展和繁荣
  第一节 政治、经济、文化背景

第二节 《隋书·经籍志》

第三节 官修目录

第四节 史志目录

第五节 私人藏书目录

第六节 专科目录

第七节 指导阅读的学习书目

第八节 郑樵的《通志·艺文略》、王应麟的《玉海·艺文》和马端临的《文献通考·经籍考》

第九节 郑樵的《校雠略》和这一时期内目录学理论方法的发展

《永乐大典》的编纂及其价值

《千顷堂书目》考

《明史·艺文志》与补史艺文志的兴起

论《四库全书总目》

章学诚的目录学

清代两个大辑佚家评传

　　附：王重民著述目录

　　跋（顾廷龙）[6]

王重民先生这部著作中的"中国目录学史"部分，是在其讲义基础上形成的，余则为选择出来的6篇有关目录学史的论文。书中"目录事业"的称谓、有关奴隶社会与阶级斗争的论述，以及每章前"政治、经济、文化背景"小节的安排，都反映出那个时代意识形态所有的强力支配作用。这些内容起着转承启合与润滑文字的作用，可以不必过于留意。王先生对每部目录学经典的探讨、分析才是精华。

讲美术史要用绘画作品来说话，讲工艺史要用工艺品来说话。文献是信息知识、思想观念的载体，"以书为纲"学术史的优点是用文本说话，直接切入了学术发展脉络之中。而且还可依书的内容属性分而述之，易于按照类列来建构学术史的叙说体系。但其不足的地方是不同文本之间的关系、作者学术背景与地位、一时代学术消长点等，皆难以体现出来。

6.2.2 "以人为纲"的写法

中国社会科学院文学所研究员董乃斌在《关于"学术史"的纵横考察》一文中，提出了三种学术史的范式：以"书"为中心、以"人"为中心和以"问题"为中心[7]。夏中义先生称："'目录体'是以书为单位，这是学术史的特殊范式，也是它的早期范式；'学案体'是以人为单位，这是学术史的成长范式，也是它的过渡范式；'学术史体'是以问题为写作单位，研究思潮与流派的流变，这是现代学术史的基本范式。"[8]

"以人为纲"的方法,就是以不同时期的代表人物为主轴,来讲述思想史、学术史。这在文史哲领域里较为常见,如清初黄宗羲(1610—1695,字太冲,号梨洲)编的《明儒学案》。《明儒学案》成书于康熙十五年(1676),刊行于三十二年(1693),有62卷,载录明朝几近三百年学术思想演进概况,述评学者202人。先按学派分列学者之学案,每个学者先列小传,然后辑录学者著述或语录片段,意在使读者得其宗旨,观其堂奥[9]。梁启超说:"中国有完善的学术史,自黄梨洲之著学案始。""著学术史有四个必要的条件:第一,叙一个时代的学术,须把那时代重要各学派全数网罗,不可以爱憎为去取;第二,叙某家学说,须将其特点提挈出来,令读者有很明晰的观念;第三,要忠实传写各家真相,勿以主观上下其手;第四,要把各人的时代和他一生经历大概叙述,看出那人的全人格。梨洲的《明儒学案》,总算具备这四个条件。""我们读《明儒学案》,每读完一案,便觉得这个人的面目活现纸上。"[10]

《明儒学案》所创"学案体"方法,对后世影响巨大,如黄宗羲儿子与其弟子后来编纂出来的《宋元学案》(道光十八年(1838)刊行)、唐鉴的《清学案小识》(道光二十五年(1845年)成书)、唐晏《两汉三国学案》(民国三年(1914)成书)、徐世昌主编的《清儒学案》(民国二十八年(1939)刊行)等,皆顺其辙迹而成。江藩的《汉学师承记》(嘉庆二十三年(1818年)刊行)、《宋学渊源记》(道光二年(1822)成书)的编写也都有其影子。学案体学术史不是横空出世的,它借鉴了正史中"儒林传"、"文苑传"乃至佛教的"高僧传"、"传灯录"的传统。

近现代"以人为纲"的学术史著述也不乏见,如杨东莼(1900—1979)的《中国学术史讲话》(1932年),从上古鬼神术数开篇,到春秋百家学术争鸣、汉代儒术独尊、魏晋道佛教与自然主义、唐宋理学兴起、明清西学东渐与朴学昌盛、清末民初之今文学新文化运动等,都是依人而叙,即按人立小标题,迤逦而行。如其目录的第二讲、第三讲为:

第二讲 学术思想的解放与分野

    概论——学术思想的解放——老子——孔子——墨子——孟子——稷下派及其他——庄子——荀子——韩非——六艺之学及其他

第三讲 学术思想的混合与儒家的独尊

    概论——吕氏春秋——李斯——陆贾与贾谊——黄老之学——淮南子——董仲舒——司马迁——刘向刘歆——王充——郑玄——经学[11]

其他如文学领域,"以人为纲"的学术史作品也不少,如汪辟疆(1887—1966)的《光宣诗坛点将录》(1925年),钱仲联(1908—2003)主编的《清诗纪事》(1983年)等。《清诗纪事》[12]是钱仲联先生平生最为用力的著述,他说:"《清诗纪事》于遗民卷后,跨越十朝,厚厚二十二册,于每个作家之前,大量甄录了清及近人关于该作家的评论资料;大部分被收作品,又作本事考订及评论。"[13]该书有1,100万言,体例精审,搜罗宏博,是研究有清一朝文学的重要参考工具书。

图书馆学里"以人为纲"的学术史著作不多,但"以人为纲"图书馆史(包括藏书史)的著作也有,如叶昌炽(1847—1917)的《藏书纪事诗》七卷。《藏书纪事诗》初版于光绪二十三年(1897年),收录了1,100余古代藏书家,起于五代终于清末,事迹来源"自正史以逮稗乘方志,官私簿录,古今文集"[14],以人为目,以诗引事,记载了每位藏书家的藏书乃至抄书、收书、读书、校书、刻书等活动,兼及藏书家的一些思想、言论。其后,伦明的《辛亥以来藏书纪事诗》(1935年)、王謇的《续补藏书纪事诗》、吴则虞的《续藏书纪事诗》等皆为之续作。徐信符的《广东藏书纪事诗》、周退密与宋路霞的《近代上海藏书纪事诗》,吴晗的《江浙藏书家史略》、杨立诚与金步瀛的《中国藏书家考略》等,皆其余响。中国私人藏书的通史、断代史、地方史的研究从此渐成图书馆史研究的重要分支领域。

"以人为纲"的写法,极好地体现了古人知人论世的知识传统,也便于根据学者的学派宗属依类而叙。但其不足的是"类列易求而大势难贯"[15],即很难描述一个时代的思潮、风会,也难于阐释不同时代、不同地区的学术发展特点以及兴衰原因。

6.2.3 "以时为纲"的写法

"以时为纲"的方法,就是依照时间顺序,来叙述思想史、学术史的发展过程。中国最早的史书主要是"以时为纲"的体例,如我们看到的《春秋》,就是中国现存第一部编年体史书。用"以时为纲"的方法写学术史,可以一年一年地写,也可以几年为一个单位(单元)来写。

例如,我在2001年发表的《中国图书馆学基础理论的艰难重建:纪念＜图书馆学基础＞出版20周年》[16]就是以时为纲来撰写的。这篇连载文章是《图书馆》杂志为纪念《图书馆学基础》出版20周年约稿的结果,前面还加了编者按。当时的思路是试图从社会背景与学术理性的演进入手,来描述、评析中国图书馆学基础理论的重建过程,所以就选择了"以时为纲"方式。但不是逐年,而是按时间段,大致三年一节。因为我发现,每过三年图书馆学基础理论研究就会有一个小的变化或特点出现。文章的主要章节如下:

1. 1978年至1981年:《图书馆学基础》的出版,为当代中国图书馆学基础理论研究的兴盛起到了奠基与推动作用。

2. 1982年至1984年:"世界3"理论的引进,显示出新时期图书馆学重构理论的突进意识,但由此发生的一场大讨论却使其陷入了困境。

3. 1985年至1988年:"知识交流说"的崛起使基础理论的发展有了实质性的突破,基础理论研究开始出现多元化的格局。

4. 1989年至1991年：图书馆事业走入低谷，"理论与实践相脱节"的批评声四起，基础理论研究被迫发生转向并跌入低潮。

5. 1992年至1995年：基础理论研究进入"盘整"阶段。"图书馆与市场经济"热点的出现，信息管理思潮的传播，使得基础理论裹步不前。

6. 1996年至1999年：信息高速公路热、知识经济热、数字图书馆热此起彼伏。数字时代的来临，给基础理论的发展提出了更高的要求。

2009年为了纪念中国图书馆学教育90周年，我还专门写了一文《中国图书馆学教育九十年回望与反思》[17]，这篇文章也是以时为纲来完成叙述的，文章小节如下：

1. 图书馆学的形成及其早期专业特点

（本节论述图书馆学的形成及早期属于一门经验学科，它有着较强的职业支持功能。但是，一门专业过多地重视应用而忽略理论，对职业的兴趣远远高于学科理智的兴趣，也是有害的。）

2. 图书馆学教育的开端及第一个繁荣期（1920年—1949年）

（本节指出中国图书馆学教育是在20世纪20年代初开始的，美国人韦棣华创办的文华图专、国内各类短期培训班等，使中国图书馆学教育进入了一个繁荣期。但此时期图书馆学教育模式基本是美国的翻版，重视实用、技术，忽略了学生人文素养、科学基础的培养。此时期大约有30年。）

3. 图书馆学教育的第二个繁荣期及其跌落（1950年—1977年）

（50年代到60年代国内图书馆学专业教育的发展又出现了一个高潮，但这个高潮存在着扭曲，即专业教育政治挂帅、意识形态干涉学术。而且这样一个病态的发展趋势很快还被急风暴雨式的"文化大革命"给打断了。60年代到70年代专业教育的"断裂"，对后来的历史发生了长远的负面影响，导致了我国图书馆学的落后。此时期大约也近30年。）

4. 图书馆学教育的第三个繁荣期及其走低与再兴（1978年—2008年）

（中国的图书馆学教育在80年代前期为恢复发展期，80年代中后期为鼎盛繁荣期，90年代为变革调整期，新世纪以来为振兴复升期。这期间，图书馆学教育办学规模扩大、办学层次丰富，初步形成了较为合理的教学内容体系与教材系列，图书馆学逐步与其相关学科与情报学、档案学、出版学等形成"团簇"（cluster），共同发展壮大。但90年代因专业发展遭遇不景气而采取的突围之举，以及不断追踪国外专业发展势头而尽快实现赶超水平的态势也使图书馆学教育的发展过于功利。）

5. 未来图书馆学教育发展的理性前瞻

　　（新世纪以来，图书馆事业的升温导致图书馆学教育进入了新的振兴、发展阶段，由于图书馆或文献信息机构在未来知识社会"知识加油站"的作用会逐步凸显，因此，走内涵提升的发展道路，逐步形成"中国的图书馆学教育"是我们未来的理性选择。图书馆学教育应从对信息的关注转向对知识的关注；本科教育应该注重学生"通识＋专业核心知识"的培养，硕士研究生教育应该注重专业研究能力的培养，博士研究生应该注重专业创新能力的培养。）

　　"以时为纲"的优点是使人对某段时间的历史情况得以了解，逐年次月，线条清晰。缺点则在于"时位易定而失之系统"，容易割裂一个大事件、大潮流、大论争的前因与后果。用梁启超的话说，"其本质总不能离账簿式"[18]。

6.2.4 "以词为纲"的写法

　　"以词为纲"的方法，就是以关键词等概念语词的产生、演变、发展为主线来研究思想史、文化史变迁。

　　这种方法适用于研究政治思想或学术思想史。欧美国家近几十年里兴起了概念史研究，了解此状况可看英国蒙克主编的《比较视野中的概念史》（2010年版）[19]。20世纪50年代，英国文化批评家雷蒙德·威廉斯（Ruymond Willianms，1921—1988）通过概念变迁来审视现代思想史的发展过程，他选择了industry（工业）、democracy（民主）、class（阶级）、art（艺术）、culture（文化）这几个当今世界上的重要概念，探讨其从18世纪50年代到19世纪初内涵的演变，进而勾勒出思想变迁的文化史地图[20]。

　　雷蒙德·威廉斯认为，industry（工业）这个词在工业革命前指的是一种特殊的人类属性"技术、刻苦、坚毅、勤奋"，进入18世纪中期以后渐渐成为一个集体词，意指制造与生产机构及其活动，19世纪又有了表征新制度的含义，而在19世纪30年代衍生出了industrialism（工业主义）、industrial revolution（工业革命）等概念；democracy（民主）在早期希腊人使用时，意为"由人民治理"，但到了美国独立运动与法国大革命时代才成为英语常用的政治词汇；class（阶级）在18世纪中叶以前指的是学校或大学里的一个级分或群体，之后才有了lower classes（下层阶级）的概念，18世纪90年代以后又相应出现higher classes（上等阶级）、middle classes（中产阶级）、working classes（劳动阶级）等概念，进入19世纪后，classes prejudice（阶级偏见）、classes consciousness（阶级意识）、classes conflict（阶级冲突）等纷至沓来，标志着工业革命之后英国的社会结构和人们的社会感觉不断在改变；art（艺术）最早指的是技术,artisan(艺匠)、artist(艺术家)原指技术熟练的人,后来 artist(艺术家)分化出来单指那些具有想象力或创造性的人,19世纪40年代以后,大写字母开头的"艺术"终于表征了一种特殊的"真实"——imaginative truth(想象的真实),艺术家代表了社会上的特殊的人,artistic(艺术的)、artistical(艺术性的)开始流行;culture(文化)原指"培养自然的成长",后又引申为人类训练的过程,18世纪到19世纪初则逐次指"心灵的普遍状态"、"整个社会里知识发展的普遍状态"、"各种艺术的普遍状态",以及"一种物质、知识与精神构成的整个生活方式"[21]。人类的一场广大而普遍的思想与感觉的变迁过程,被这些概念、词汇的变化从某一侧面清晰地揭示出来了。

在我们图书馆学领域,通过一些学术概念演变也可以看出学术演进的轨迹。例如我们现在所称的"信息资源"、"信息资源建设",这是20世纪90年代后期才出现的,最早脱胎于图书馆学的"藏书"、"藏书建设"。在20世纪80年代中期以前,"藏书建设"作为图书馆学的一个重要研究领域,是以个体图书馆为基本单位展开研究的,涉及具体馆藏建设的原则、规划、体系、评价、复本、剔旧、保护等。其局限是未能涉及在资源稀缺的情况下,一个单位或一个部门、一个地区的多馆藏书资源如何合理配置,以提高本单位或本部门、本地区科学研究的文献保障率。1984年9月,全国高等学校图书馆工作委员会在大连召开了全国高校图书馆藏书建设研讨会。肖自力等人提出并积极倡导使用"文献资源"和"文献资源建设"的概念,之后很快被全国图书情报学界认可、接受并流行开来。当时文献资源建设研究的重点是文献资源建设的指导思想、文献资源建设的布局。可以说,"藏书建设"概念过渡为"文献资源建设"概念,是文献资源建设从微观走向宏观的突出标志[22],也是我国图书馆学理论的一个重要创新。此后国家科委情报局、中国科学院文献情报中心启动的情报资源调查课题,特别是1989年由肖自力主持的国家"七五"社科基金项目"全国社会科学文献资源调查"正式立项,将文献资源布局研究引向了实证、应用,也获得了极大成功,成为我国图书馆学理论与实践完美结合的一个典范。

"文献资源"流行了10年左右,进入90年代中后期,又出现了"文献信息资源"的概念。"文献信息资源共建共享"的研究主题一度热于国内图书馆学界,但这只是一个过渡阶段。到了世纪之交,随着互联网的普及与网络信息资源的急剧增加,图书馆学界开始直接使用"信息资源"与"信息资源建设"来替代"文献资源"、"文献资源建设"[23]。至此,文献资源建设概念内涵的拓展已经越来越深化。

概念和词汇对现实是有建构作用的,同时其解构作用也不可小觑。20世纪80年代中期以前,"藏书建设"作为图书馆学一个重要分支领域,也曾在图书馆学教学体系之中体现为一门课程。"图书馆藏书"或"馆藏"是当时耳熟能详的词汇,因为当时图书是图书馆收藏的主体。但是期刊、报纸成为图书馆的基本馆藏以后,再加上视音频资料,图书馆学界觉得"图书"不能涵盖这些东西了,就改称"文献",文献作为记录和传播有知识的一切载体,可以很好地概括这些出版物。再后来到互联网出现的时候,图书馆学界又觉得"文献"概念也有局限了,无法概括网页上的东西了,于是使用"信息"。"文献资源"也改成"信息资源"。但是我们应该看到,网页的东西也是文献的一种展现方式,只不过是呈现载体有了变化,为什么不能继续叫文献呢?为什么不可以继续使用"文献资源"的概念呢?用"文献"来包含网页信息等也是可以的,只要将"文献"所包含的内涵再扩大不就行了吗。术语的稳定性非常重要,术语的稳定性标示着某一专业的稳定性,当术语不断的变来变去,专业知识体系一方面会随之出现动荡,而且会显得专业知识体系无根基可言。

其实,学术概念随着社会发展而发生内涵变化这是常见的事情。如community(社区)这个概念,词源为拉丁文communis,指"普遍"、"共同"[24],后来又有了小型行政区域的这种具有空间意义的语词。人们居住在一个小型区域里,因而有了某些共同属性,而这种共同属性导致社区邻里之间的关系非常紧密。因此community(社区)作为一个近代词汇是以空间为主轴的。而现代生活中,高档小区楼房里的住户门对门却不知道对方是谁,近在咫尺却没有联系。因此广州市公益人士办"荒岛图书馆",让大家在社区里能彼此发生联系。住在高档小区里的人们,许多人不再按照空间远近来联系,而是按照合适的时间来联系,即每天什么时间和谁去游泳,什么时间相约谁去跳广场舞。社区从空间轴为主变成了时间轴为主,时间社区出现了。在互联网技术和手持终端如此发达的今天,社区又在向主题轴转移,即又出现了主题社区、事件社区、关键词社区。例如以事件、主题建立的众多微信群就是一个新社区。因此,早期以空间为轴建立的社区概念,现在加进了时间含义的时间社区,加进了主题词(或关键词)含义的主题社区,经过叠加变成具有多重含义的一个"三明治",即community(社区,又称社群、共同体)由多重轴、多重因素构成。所以,身处社区的图书馆在开展服务时,不仅要考虑怎样充分发挥馆舍空间的功效,时间及主题因素也需要考虑进来,诸如错时开放、延时开放,以及通过各种主题活动来服务读者等。有些主题活动甚至可以走出图书馆,并非局限于图书馆内部。能否开发出吻合社区时间和主题因素的读者服务内容,正在体现着我们图书馆发展是否具有活力。由此也可以看到,我们对概念有了深刻的理解,反而可以赋予概念新的内涵,并用于指导我们的实践。我们可以在使用一个新的概念的同时而不随意丢弃一个旧的概念。

现在一些新建的图书馆,名称里已经没有"图书馆"称谓了。应该看到,当大量新建图书馆的称谓不再叫图书馆而叫文化中心或信息中心的时候,这就意味着图书馆行业面临着消失。图书馆发展状况不好就改头换面,以为这是创新或保持事物生命力的举措,其实这也不尽然。换新名字并非明智之举,因为我们放弃了原有符号的所指和能指以后,必然会导致图书馆在社会上的边缘化,也会造成社会公众认识的混乱。有时大众并不知道新的名字具体指的究竟是什么,那得需要一个过程。因此我不赞赏图书馆改名,虽然名字有点过时,但是我们可以赋予其新的内涵。就像我们出行到火车站,现在哪里还有烧煤的"火车",已经是高铁时代了,但是火车站、火车还可以继续称呼下去。有时候旧的称谓还能透漏出一个事物的历史信息,让人们知道它经历了什么。

我本人过去也做过通过概念或语词来探讨学术史发展的类似研究,写过一篇文章《说"梵本"与"梵筴"》。讲佛经传入中国后,有"梵本"、"梵筴"之称谓。在语言学上,一种事物有两个名称是常见的,但我总觉得在图书史上有些不寻常。"梵本"、"梵筴"它们之间的区别是什么?两个称谓反映出了什么问题?经过仔细研究,我发现"梵本"一词流行于六朝时期,如在梁释僧祐的《出三藏记集》中就出现八十余处,指称的是佛经翻译活动中依据的梵文原本,当时译经人"手执梵本,口宣晋言"。所以"梵本"应该是图书版本上的一个概念,属于版本学意义上的一个专有名词。汉代向歆父子校书,当时已经有了版本意识,称所据的底本为"本",但把"本"发展为"某本"这样双音节复合名词,产生出一大堆版本名称的是佛教。六朝佛教译经中,已经使用"梵本""胡本""正本""旧本""误本""草本""阙本""异出本"等,可以说是佛教译经丰富了版本学内容。梵文写经被称为"梵筴"是隋唐兴起的。它主要是根据贝叶经一页一页要用版夹在一起的书籍形式而命名的。它与简册、卷轴、经折等一样,是书籍制度上的一个称谓。凡是一页一页两头用版夹在一起的书籍形式,如今都可称作"梵筴装"。佛教梵文写经先有"梵本"后生"梵筴"的现象说明:在"梵本"之名普遍流行的时期,佛经译事正盛;待"梵筴"之谓通行,则译经事业已经消沉入衰,渐成高僧大德的专职工作,不再具有昔日广泛的普遍性[25]。

用以词为纲的方式研究学术史,其优点是,过去以著作、人物为纲的研究,往往针对的是著作、人物中蕴含的思想观念并以其为分析单元的,这就容易产生不同解读、众说纷纭的情况;而以某时期包含概念、词汇例句为基本单元,研究者们则容易取得共识,这就使得思想史的研究变得可验证了,因为它是以实证为基础的。以词为纲的缺点在于,研究那些以包含概念、词汇例句的样本一定是个大样本,如果不通过具有一定条件的全文数据库,我们很难去建立这样的研究对象的大样本,有时为了建立研究对象的大样本还必须团队作战才行。当然,考察一两个语词的历史变迁,举个人之力也可以完成。不过,像我研究"梵本"与"梵筴"的例子,通常又是人们难以碰到的。近年数据挖掘(data mining)技术的迅速发展,为研究者通过全文数据库、专业网站乃至互联网进行概念语词的分析研究提供了方便,如我们可以通过某学科在某时间段新生学术概念出现、流行的状况,说明该学科新研究热点的形成,或表征该学科的知识生长度等。

6.2.5 "以题为纲"的写法

"以题为纲"的方法,就是依据专题、或事件、或流派等来分述思想史、学术史的发展。前面讲到的王重民先生《中国目录学史论丛》的写作是"以书为纲",而同样是目录学史著作,姚名达的《中国目录学史》(1938年)则用的是"主题分述法",全书分叙论篇(目录学概述)、溯源篇、分类篇、体质篇(目录体例)、校雠篇、史志篇、宗教目录篇、专科目录篇、特种目录篇(丛书、个人著述、禁书目录等)、结论篇等10篇,"特取若干主题,通古今而直述,使其源流毕具,一览无余。"[26] 姚名达的目录学史的写法,明显受到西方现代学术方法(包括图书馆学主题法)的影响。

下面是姚名达《中国目录学史》目录的前面片段:

叙论篇
  目录
  目录学
  目录之种类与目录学之范围
  目录学史之组织
渊源篇
  上古典籍与目录之体制为何如乎
  刘向等典校秘书之义例
  刘向等写定叙录之义例
  《别录》与《七略》之体制不同
  刘歆分类编目之义例
分类篇
  分类之原理
  类之字义
  事物之分类
  学术之分类与思想之分类
  图书分类之始
  《七略》之分类法
  类书与目录学
  五分法之偶现与四分法之代兴
  《七志》与《七录》
  五代史志之《经籍志》
  …… ……[27]

姚名达认为,中国古代目录学史中,时代精神殆无特别之差异,故不宜用"以时为纲"的写法,而"杂用多样之笔法,不拘守一例,亦不特重一家,务综合大势,为有条理之叙述,亦一般不习见者。"[28] 不过姚名达也认为:"此种主题分述法亦有其流弊,一则同一事件而分散于各题之中,不能识其全貌;盖有经无纬,则组织不能周密也。一则文气所至,不便琐陈,以致时代不明,后先倒乱,盖既分题各篇,则不能依时代为先后,故忽今忽古,使读者迷乱莫明,尤其大患。"[29] 用一句话说就是"因果易明而时类模糊"。

我在 2010 年 5 月写成的一篇《建国六十年来我国的图书馆学研究》[30] 也用的是"以题为纲"的方法。因为中国图书馆学研究的六十年是曲折前行的,这一过程充满着滑稽、屈辱、奋进与迷茫。而从具体面向入手,可能最宜反映这个过程的特点。论文的目录如下:

1. 引言

(中国图书馆学有三个 30 年:民国的 30 年、建国后的 30 年、改革开放以来的 30 年。把后两个 30 年合在一起通而观之,中国图书馆学研究基本上是一个曲折前行的六十年,其过程过程充满着滑稽、屈辱、奋进与迷茫。)

2. 学术精神:自主独立意识的丧失与复苏

(50 年代到 70 年代,政治场域对其他社会场域的全面僭越与宰制,迫使图书馆学研究附庸于社会主流意识形态并与之相唱和,图书馆学界丧失了学术主体的自由精神与独立意识。改革开放以来,图书馆学研究从受外部强势场域的"一元力量支配"(主流意识形态的支配),逐渐演化为"二元力量支配"(既有主流意识形态的支配,也有美国图书馆信息学话语的支配),图书馆学学术共同体的学术自主、独立的意识迄今仍没有昂挺起来。)

3. 内容体系:建构方式的转换与官学主色的扩张

(图书馆学的内容体系从一颗知识树变成一根知识链条再到变成一块知识拼图,走完了一个从分支到分域再到分题建构的一个旅程。建国以来的六十年里,图书馆学官学的色彩极为浓厚。没有学术独立与自由,政治乃至商业上的权力都有可能对学术形成宰制并主导学术资源配置。)

4. 研究方法:从经验描述到批判、诠释与实证

(社会科学的研究方法的演化路径,是从尊实证到重诠释再到高扬批判这样不断地叠加而发展过来的,中国图书馆学研究方法的演变与社会科学的研究方法的演化路径恰好相反,走了一条从批判到诠释再到实证的路子。图书馆学研究方法不善于进行多方法的融合、交叉,学科自身的反省与批判能力、学科构建与学术协商的能力还明显不足。)

5. 学术建制：社会转型中专业的窘困和突围

（科学本身就是一种社会建制。图书馆学的发展很大程度上是由专业发展体现出来的，专业的成熟度集中体现出了学科建制的程度。六十年来图书馆学专业在发展中危机重重，遭遇过窘困与无奈，内因是长期以来专业自身缺乏知识深度，外因是社会转型、技术发展带来的冲击巨大。学会组织也是完善学术建制的重要因素之一，但学会的官办色彩加重了中国图书馆学研究的官学化倾向。图书馆学学术建制中的激励制度（如职称评定）也存在很大的问题。）

6. 研究共同体：四代学人的遭际与传承、使命

（划分学者代际，既要考虑他们的出生时代也要考虑他们的学术创获时期，并且应以其发生的学术创获期为主。现代图书馆学有四代学者。建国六十年来在学术舞台上活跃时间最长、影响力也最大的是二代、三代学者。在代际传承中，第一代学者的厚养、博学的优点并没有被继承下来。第一代学者的优质基因信息在传播过程遭遇信道噪音的强干扰而变成乱码失效了。每一个代学者都有着每一代学者的历史合理性，后代学者的历史合理性只有建立在对前代理性扬弃、吸收的基础上才能形成。后辈可以超越前辈，但不能绕过前辈，我们要给予前辈足够的尊重。）

7. 结语

（三十年为一世，六十年是一个甲子。今天中国的图书馆学研究者们必须重建主体自觉意识、独立意识；要鼓励自由研究，倡导民间学术，避免官学泛滥、学术个性格式化；应该在实证研究、理论建构、哲学反思三个层次上有所突破；要注重增加专业知识含金量，专业教育既要培养合格的图书馆员也要培养出懂得文献内容的高端图书馆学者；要继承学术前贤厚养、博学的优良学术品质。）

本文从学术精神、内容体系、研究方法、学术建制、研究共同体等五个主题出发，分别铺叙，即是以"以题为纲"来写图书馆学六十年来发展的一种尝试。此外，本文写作中还力图做到有史有论，论从史出，因为学术史不能仅有描述而无论说。知识考古的目的不在于发现哪些鲜为人知的史料，而是在于说明这些史料背后隐藏的意义。当然，史论应从史实中提炼出来，不能以论代史，更不能游谈无根。

6.3 学术史论文几种写作方法

6.3.1 人物史的写法

1. 学会抓住"历史人格者"

从人物切入学术史,最好抓住一个时代的"历史的人格者"。"历史的人格者"是梁启超使用的概念,指的是能代表一时代、一系统共性的历史人物。他们在历史中不可或缺,即抽出他们则局面将全变,如儒学缺一孔子、孟子,佛教史缺一道安、玄奘,明清思想史中缺一顾炎武、戴震,局面当如何,不可思议。他们能主动地牵引、浸入社会思潮,并影响公共生活与社会心理,"而每一史迹之构成心理,恒以彼之'人格者'为其聚光点。故研究彼'人格者'之素性及其临时之冲动断制,而全史迹之筋脉乃活现。"[31]

陈平原先生的《中国现代学术之建立:以章太炎、胡适为中心》[32]一书,就是抓住"历史人格者"写成的学术史著作。章炳麟(1869—1936,字枚叔,号太炎)、胡适(1891—1962,字适之)为旧学、新学的两个代表人物,一个是被梁启超称为清学正统派"殿军"的人物,另一个是鼓吹白话文的新文化运动的旗手,他们二者又处同一时代,新知旧学激流回荡,均处于漩涡的中心。某种程度来说,把握住章太炎、胡适两人的学术思想,也就把握住了新学与旧学交锋、转化的筋脉。

研究图书馆学史,属于"历史人格者"的人物有梁启超、袁同礼、杜定友、刘国钧等。现代图书馆学建立之初,梁启超、袁同礼、杜定友、刘国钧等第一代学者群体主要是由两部分组成,一是有海外学习过图书馆学专业的学者,如韦棣华、沈祖荣、戴志骞、洪有丰、袁同礼、马宗荣、李小缘、杜定友、蒋复璁、刘国钧、桂质柏,其中除了马宗荣留日、杜定友留菲、蒋复璁留德以外,其余都是在美国学的图书馆学。当时美国的图书馆事业、图书馆学教育正处于蓬勃时期。二是国内在国学领域有深厚修养并对图书馆实践活动深有心得的学者,如梁启超、柳诒徵、余嘉锡、王云五、王献唐、皮高品、陈训慈、金敏甫、吕绍虞等。第一代学者受欧风美雨的栉沐,又有着深厚的国学基础,他们完成了现代图书馆学的草创,较好地对接了新知(西方图书馆学)与旧学(传统校雠学)。所以,通过研究梁启超、袁同礼、杜定友、刘国钧等人的图书馆学思想,就可以凸显出现代图书馆学建立与发展的脉络。

2. 写人物要先做年谱

写人物要先对人物生平事迹有了解。了解人物生平事迹的最佳做法莫如先做人物的年谱。梁启超1929年去世后,他的亲朋好友给他编文集、传记以示纪念。但写传记要有一个很好的基础,那就是先给梁启超编年谱。梁启超的好友丁文江领衔与赵丰田费数年心力主编的《梁启超年谱长编》(1983年)[33],字数达70万字,精审详核,尤其是收录了大量梁启超的来往书信,一面世就得到了学术界的重视。有的年谱,其学术价值与作用,丝毫不亚于人物传记。当然,该年谱因为以收集书信为特色,有些谱主的重要活动反倒被忽略不记了。如民国十四年(1925)6月2日下午,梁启超在北京南河沿欧美同学会参加中华图书馆协会成立仪式,并在会上发表了演讲,专门提出了"建设中国的图书馆学"的命题。晚间还参加了协会所设晚宴[34]。这个重要的活动竟然在年谱里失载,实在不应该。

我从事杜定友研究时,就是先编杜定友先生的年谱。我指导的图书馆学博士生潘梅,她写袁同礼先生的学术思想,也是从年谱编撰入手。当你将一个人的年谱编完了,这个人物已经活跃在你的眼前了。你再阐述其学术思想与特点,就会易如反掌。到最后,年谱还可以作为附录列入博士论文之中。当然也有单独面世的年谱著作,图书馆学人物年谱近年较好的有程焕文教授主编的《裘开明年谱》(2008年)[35]。

裘开明(1898—1977),1918年考入武昌文华大学,1920年至1922年在文华图专学习,毕业后担任过厦门大学图书馆馆长。1924年赴美,1927年获纽约公共图书馆学校图书馆学硕士,1933年获哈佛大学哲学博士学位。他从1928年在哈佛大学哈佛燕京图书馆工作,直至1965年退休,担任馆长职务长达34年。著作有《中国图书编目法》(1931年)、《哈佛燕京图书馆中文图书分类法》(1933年)、《汉和图书分类法》(1943年)[36]、《四库失收明代类书考》(1969年)等。钱存训先生评价说:"裘开明先生是美国东亚图书馆早期发展中的一位启蒙大师和领袖人物,也是最早以图书馆专业的资历全职主管美国东亚图书馆的第一人。他的主要贡献在以西方的图书馆管理方法结合中国传统目录学知识,处理美国图书馆中收藏的中日文资料,并辅导师生的教学和研究,成为这一专门领域的典型。"[37]

程焕文为编此年谱,查阅了哈佛燕京图书馆、哈佛大学档案馆等处的档案资料一两万页之多,耗数年之力。《裘开明年谱》也以收录书信见长,洋洋160万言。其中许多鲜为人知的资料(如日本侵华战争期间美国与中国图书馆界书刊交流情况),都具有重要的史料价值。《裘开明年谱》是研究美国东亚图书馆发展史、中美图书馆交流史、美国汉学研究史的一座金矿。

6.3.2 断代史的写法

1. 最好用"以时为纲"和"与题为纲"相结合的体例

我国台湾地区学者蓝乾章(1915—1991)曾撰有《七十年来的图书馆学研究》一文刊于我国台湾《"中华民国"图书馆年鉴》(1981年)第四章,他将晚清以来至1978年的图书馆学做了详细介绍与分析。该文将图书馆学史划分为以下几个时代:

播种时期,从清同治十二年(1873)至宣统三年(1911),为期 39 年;
萌芽时期,从民国元年(1912 年)至民国十六年(1927),为期 16 年;
茁壮时期,从民国十七年(1928 年)至民国二十六年(1937),为期 10 年;
晦暗时期,从民国二十七年(1938 年)至民国三十四年(1945),为期 8 年;
振兴时期,从民国三十五年(1946)至 1979 年,为期 34 年[38]。

  蓝乾章的这个历史分期参照了其文华图书馆专科学校老学长、旅居我国台湾地区的图书馆学家严文郁(1904—2005,字绍诚)的分期。严文郁在《"中华民国"图书馆年鉴》(1981 年)编撰中领衔第一章《中国图书馆事业的发展》,该章第一节为"图书馆事业产生的背景",第二节为"萌芽时期的图书馆事业",第三节为"成长时期的图书馆事业",第四节为"抗战及复员时期的图书馆事业"。蓝乾章也受命参加了《"中华民国"图书馆年鉴》(1981 年)的编撰,他主持第四章《图书馆学研究》的编写。从"播种"到"振兴"的历史分期不仅与严先生的分期暗合,而且在每一个时期,作者都以表格按照不同专题罗列图书馆学论著的发表数量,然后择要介绍图书馆学重点论著的发表、内容、影响、地位等。这种学术史的写法属于"以时为纲"和"与书为纲"相结合的体例。该文的优点是:每一个时期的图书馆学论著数量都很清楚,可以进行数量比较、专题分析,如在"振兴时期"里,我国台湾地区的图书馆学论著数量居第一位的竟然是"书评"(1,467 件),第二位的是"索引"(806 件)[39],这说明台湾地区图书馆学界在 20 世纪 60 年代以后较为关注读物的研究,藉此欲提升出版物的质量,影响读者选择读物,同时为读者便捷查检图书提供方便;该文的缺点是:以罗列数据为主,总给人有流水账之感。

  后来严文郁编著的《中国图书馆发展史——自清末至抗战胜利》(1983 年)一书,其中第七章"图书馆教育及图书馆学研究"里有关图书馆学研究的部分,反过来又借鉴了蓝乾章的播种、萌芽、茁壮、晦暗、振兴等五个阶段称谓,并从播种、萌芽、茁壮、晦暗四个时期,分述至抗战结束的图书馆学研究历史。虽然也是按照"以时为纲"和"与书为纲"相结合的体例来撰写的,但又有变通,即于每个时期简述了图书馆学著述的数量后,再分列"图书分类"、"编目理论与方法"、"索引"、"参考"、"目录学"、"图书馆学期刊"等 6 个部分,依次介绍每部分的主要(重点)学术著作或图书馆学期刊情况[40]。这种体例已经转换为"以时为纲"和"与题为纲"相结合了。严文郁先生以八十高龄完成此著作,书出版后即成为多所大学图书馆学专业的必备教材,得到了图书馆学界的赞誉。

  如果要我写民国时期的图书馆学史,恐怕我会采用"以时为纲"和"与题为纲"的写法,先按时期分章,每一章再设几个专题,按专题一个一个来写。不过,每章的专题都会不一样,皆依循有起伏的大事而设。这样或能勾勒出民国时期图书馆学发展的生动面貌。

2. 要把握不同时期的风会转移

写断代学术史,要关注不同时期的学术流派。不过,写学术流派不如写学术风会。民国时期武汉大学文学院院长、著名词学家刘永济(1887—1966,字弘度)写过一本叫《词论》的小册子,该书上卷"风会第五"开篇即言:"文艺之事,言派别不如言风会。派别近私,风会则公也。言派别,则主于一二人,易生门户之争;言风会,则国运之隆替、人才之高下、体制之因革,皆与有关焉。盖风会之成,常因缘此三事,故其变也,亦非一二人偶尔所能为。自来论者未能通明,故多偏主,或依时序为分别,或以地域为区画,或据作家为权衡。"[41]刘先生这席话针对的是古代诗词史而言,但对于学术史也有深意存焉。

6.3.3 专门史的写法

1. 图书馆学领域可以做许多专门史研究

图书馆学是由许多分支学科构成的,每个分支学科都可以写出自己的专门学术史,如目录学史、版本学史、分类学史、索引学史、读者学史、阅读学史等。一些历史悠久、学术积淀较深的分支学科,已经有了不少自己的学术史著作,如目录学史、版本学史、分类学史等。

以分类学史为例,分类学史里较好的两部著作,一是蒋元卿的《中国图书分类之沿革》(1937年),一是俞君立主编的《中国文献分类法百年发展与展望》(2002年)。蒋元卿(1905—1999)曾就职青岛国民党部图书馆(青岛市图书馆前身)、安徽省立图书馆、安庆市图书馆等,著述丰富,他的《中国图书分类之沿革》,"偏重于历代分类之沿革,上迄秦汉,下迨近今,无不剖析其渊源,详究其得失,而殿之以今后分类法之趋势"[42],是民国时期影响最大的图书分类史著作,也是图书馆学专业的重要参考书。俞君立(1942—)是武汉大学信息管理学院图书馆学系教授,长期从事文献分类实践与教学,他的《中国文献分类法百年发展与展望》[43],以一手材料为据,对20世纪现代文献分类法的引进、编制、理论研究做了梳理,对重大学术争论与研究热潮做了分析总结,对101篇(部)中国文献分类学名著进行了筛选与评介,探讨了中国文献分类法未来发展目标与任务。该书学术价值、资料价值都很高,作为社科基金项目也得到了有关部门的好评。

2. 写专门史要先做大事编年

古人著史,无不重视资料长编工作,如司马光编《资治通鉴》。司马光(1019—1086)的《资治通鉴》共294卷,300余万言,所记史实上起周威烈王二十三年(前403),下至五代后周显德六年(959),凡16代1362年。参与编撰者共5人,范祖禹、刘恕、刘攽同修,司马康检阅文字,司马光编集。刘攽负责汉,刘恕负责魏晋至隋,范祖禹负责唐五代。《资治通鉴》的编纂有一套程序:写丛目、修长编、做考异、定终稿。所谓丛目,即按照年月日标出事目并在其下附注有关史料出处,其原则是"过多不害";所谓长编,即阅读丛目指引材料并进行摘编形成草卷,其原则是"宁繁勿略";所谓考异,即对长编的文字进行考核、取舍;最后是司马光进行删繁就简,勒成终稿。司马光写作此书前后花费19年,他的进表称"精力尽于此书",所采用之书"正史之外,杂史至三百二十二种。其残稿在洛阳者,尚盈两屋。……故其书网络宏富,体大思精,为前古之所未有。"[44]

姚名达在编写目录学史时就积累了大量材料,先出了资料长编。他说:"先是二十四年冬,商务印书馆以《中国目录学史》相属,名达自维业愧专门,学无创获,旧著《目录学》舛漏百出,方滋内疚,故受命之后,忧心忡忡!每趁课暇,辄走京、杭各图书馆借读,累月弥年,丛料愈积而组织愈难,乃力辞复旦讲席,移居杭州,专心研求,又历八月,始克告成。其始原欲博搜精考,撰成毫无遗漏之文献史,故逐书考察其内容,逐事确定其年代,逐人记述其生平,依时代之先后叙成系统。佛教目录即其残迹。著作过半,始知其规模太大,非赶期出版之预约书所宜;亟毁已成之稿,改用主题分篇之法,撷取大纲,混合编制,几经改造,遂为今式。"[45]

3. 要使用你擅长的体例

2002年底,内蒙古大学图书馆前任馆长乌林西拉(1936—)准备编写《内蒙古图书馆事业史》[46],她聘请我和其他三位学者作顾问,曾就编写体例征询我的意见。我提出了"史志结合"的体例,即全书可分两部分,上编为"史",下编为"志"。"史"者,通叙其全部历史也;"志"者,分列其文献志、人物志、大事志也。"史志结合"的体例不仅能体现学术性,也能体现资料性;不仅有理论价值,还有工具书查考作用。后来编写组采纳了我的意见,并且在"志"的部分还增加了"机构志",使得该书成为国内地方图书馆史中很有特色的一部专著。

参考文献

[1] [英]以赛亚·柏林.我的学术之路[M]//欧阳康.当代英美著名哲学家学术自述.北京:人民出版社,2005:47-70.

[2] 邓正来.研究与反思:关于中国社会科学自主性的思考[M].北京:中国政法大学出版社,2004:326.

[3] 陈国庆.汉书艺文志注释汇编[M].北京:中华书局,1983:159-163.

[4] [汉]桓谭.新论[M]//[梁]萧统.六臣注文选:卷三十一·江文通杂体诗·李都尉从军[唐]李善,等注.北京:中华书局,2012:589.

[5] 鲁迅.中国小说史略[M]//鲁迅全集:第九卷.北京:人民文学出版社,2005:目录.

[6] 王重民.中国目录学史论丛[M].北京:中华书局,1984:目录.

[7] 董乃斌.关于"学术史"的纵横考察[J].文学遗产,1998(1):1-19.
[8] 夏中义,刘锋杰.从王瑶到王元化[J].桂林:广西师大出版社,2005:132.
[9] [清]黄宗羲.明儒学案[M].沈芝盈,点校.北京:中华书局,1985.
[10] 梁启超.中国近三百年学术史[M]//饮冰室合集·专集之七十五.北京:中华书局,1989:第10册,48-49.
[11] 杨东莼.中国学术史讲话[M].上海:北新书局,1932:目录.
[12] 钱仲联.清诗纪事[M].南京:江苏古籍出版社,1987-1989.
[13] 钱仲联.我和清诗研究[M]//张世林,编.学林春秋:著名学者自序集.北京:中华书局,1998:111-121.
[14] [清]叶昌炽.藏书纪事诗自序[M]//藏书纪事诗.王欣夫,补正.上海:上海古籍出版社,1989.
[15] [清]章学诚.文史通义:外篇一·史篇别录例议[M]刘公纯,点校.北京:古籍出版社,1956:234.
[16] 王子舟.中国图书馆学基础理论的艰难重建:纪念《图书馆学基础》出版20周年[J].图书馆,2001(3):1-6,20;2001(4):1-7.
[17] 王子舟.中国图书馆学教育九十年回望与反思[J].中国图书馆学报,2009(6):70-78,96.
[18] 梁启超.中国历史研究法[M]//饮冰室合集:专集之七十三.北京:中华书局,1989:第10册,20.
[19] [英]伊安·汉普歇尔-蒙克.比较视野中的概念史[M].周保巍,译.上海:华东师范大学出版社,2010.
[20] [英]雷蒙德·威廉斯.文化与社会[M].吴松江,张文定,译.北京:北京大学出版社,1991:导论.
[21] 同[20].
[22] 杨沛超,肖自力,李修宇.中国文献资源建设理论研究的主要进展[J].大学图书馆学报,1991(5):16-20,32.
[23] 高波,吴慰慈.从文献资源建设到信息资源建设[J].中国图书馆学报,2000(5):24-27.
[24] [英]雷蒙德·威廉斯.关键词:文化与社会的词汇[M].刘建基,译.2版,北京:生活·读书·新知三联书店,2016:125-127.
[25] 王子舟.说"梵本"与"梵筴"[J].中国典籍文化,1995(2):116-120.
[26] 姚名达.中国目录学史[M].上海:商务印书馆,1957:19.
[27] 同[26],目录.
[28] 同[26],自序.

[29] 同[26].
[30] 王子舟.建国六十年来中国的图书馆学研究[J].图书情报知识,2011(1):4-12,35.
[31] 同[18],113-120.
[32] 陈平原.中国现代学术之建立:以章太炎、胡适为中心[M].北京:北京大学出版社,1998.
[33] 丁文江,赵丰田.梁启超年谱长编[M].上海:上海人民出版社,1983.
[34] 中华图书馆协会.本会成立仪式[J].中华图书馆协会会报,1925,1(1):8.
[35] 程焕文.裘开明年谱[M].桂林:广西师范大学出版社,2008.10.
[36] BIBLIOGRAHY OF THE WORKS OF DR. A. K'AIMING CH'IU[M]//黄培,陶晋生.邓嗣禹先生学术论文选集.台北:食货出版社,1980:436-442.
[37] 钱存训.《裘开明图书馆学论文选集》序言[M].中国图书馆学报,2003(6):70,91.
[38] "国立中央图书馆"."中华民国"图书馆年鉴[M].台北:"国立中央图书馆",1981:263-285.
[39] 同[38].
[40] 严文郁.中国图书馆发展史:自清末至抗战胜利[M].台北:枫城出版社.1983:197-210.
[41] 刘永济.词论[M].上海:上海古籍出版社,1981:49.
[42] 蒋元卿.中国图书分类之沿革[M].上海:上海中华书局,1937:自序.
[43] 俞君立.中国文献分类法百年发展与展望[M].武汉:武汉大学出版社,2002.12.
[44] [清]永瑢,等.四库全书总目[M].影印浙本.北京:中华书局,1965:上册,420.
[45] 同[26],自序.
[46] 乌林西拉.内蒙古图书馆事业史[M].呼和浩特:内蒙古大学出版社,2009.9.

第七章 学术论文的结构

美国有社会学家认为,创作一篇完整的学术论文,应该包括以下五个步骤:定义问题,回顾文献,建立假设,选定研究设计并搜集分析资料,形成结论[1]。那么,一篇硕士、博士研究生毕业论文的形成,也要相应地有一些章节来对应这样的程序,如要有摘要、绪论(引言)、正文章节、结语、参考文献等。期刊编辑评阅学术论文,答辩委员评审硕士、博士研究生论文,通常会先看论文的题名、摘要、目录、参考文献等处是否规范或有没有什么问题,然后才浏览正文。

7.1 摘要与关键词

7.1.1 摘要

摘要(abstract,又称文摘、提要)是"以提供文献内容梗概为目的,不加评论和补充解释,简明、确切地记述文献重要内容的短文。"[2]换言之,摘要就是对论文的高度抽象与提炼而形成的介绍文字。读者不阅读论文就能从其中获得必要的信息,并初步判断出一篇论文的价值。

摘要的特点、类别、写作方法等,可通过国家标准《文摘编写规则》(1986年)[3]学习掌握,也可搜索网上相关资料进行参考。这里仅就摘要的写作,提示出需注意的几点要求:

1. **字数要求**

国家标准《学位论文编写规则》(2006年)称"中文摘要一般字数为300~600字;外文摘要实词在300个左右。如遇特殊需要字数可以略多。"[4]有的大学要求硕士论文摘要不宜超过300字,博士论文摘要不宜超过500字[5];有的大学笼统要求研究生论文摘要500字至800字[6]。在写作实践中,目前硕士论文摘要多在500字至800字左右,博士论文摘要多在1,000字至2,000字,而普通学术论文在200字左右。

2. **行文简洁、精到,具有高度概括性**

概括性摘要必须高度概括论文的写作内容,其提炼性语句应包括与论文等同的主要信息;程序性摘要应交代研究目的和意义、过程及方法、结果与结论。不能有"对有关问题进行了研究"、"获得了某些有益的结论"等含混的表述。

3. **采用第三人称记述**

即不能用"本文"、"作者"、"我们"等字眼,不加评论和补充解释;一般采用过去时态叙述作者工作,用现在时态叙述作者结论。

摘要的写作,大多是在论文完成之后进行的。投往期刊的普通学术论文,其摘要可分两种类型:一是概括性摘要,即从空间范畴上对论文内容进行高度撮述,重点告诉读者你的研究涉及了什么问题,你的主要发现或提出的新观点是什么,有点类似人们通常说的报道性摘要,如表 7-1 所示;二是程序性摘要,即从时间过程上对论文研究内容进行揭示,重点交代"目的/意义"、"方法/过程"、"结果/结论",有点类似人们所谓的指示性摘要,如表 7-2 所示。

表 7-1　概括性摘要实例

题名	新世纪以来美国禁书排行榜透析[7]
著者	卢章平　刘蒋联　李明娟
摘要	介绍了美国禁书排行榜的由来,在对 2001—2013 年间的禁书排行榜作总结介绍的基础上,对禁书的原因、禁书的读者年龄、禁书的主题、禁书的持续性作了详细分析。概括了美国禁书的四个特点:① 家长是禁书的主力军;② 青少年和儿童读物是禁书的主要对象;③ "有问题"的成人文学经典和涉性书籍是禁书的重点;④ 禁书仅限于局部范围。禁书越热门,说明美国家长对下一代在道德、文化、宗教与种族主义等方面的价值取向越关注。由美国图书馆协会领导的美国图书馆组织坚决主张阅读自由,但同时尊重家长对自家孩子禁书的权力。
关键词	禁书排行榜　禁书原因　禁书的读者年龄　禁书的主题　禁书的持续性　禁书的特点

这个摘要的优点是对论文的内容有全面、准确的揭示。缺点是开头还是暗含了主语"本文"或"作者"。开头应改为:"美国图书馆协会(american library association,ALA)自 1990 年以来每年公布十大禁书排行榜,以让公众了解图书馆和学校审查图书的情况。通过 2001—2013 年禁书排行榜的分析,可了解到禁书的原因、主题、读者年龄、持续程度等。美国禁书有四个特点……"

表 7-2　程序性摘要实例

题名	睡美人与王子文献的识别方法研究[8]
著者	杜建　武夷山
摘要	[目的/意义]研究睡美人与王子文献的识别方法。分析唤醒机制,为未来在学术交流体系中发现"王子"作者,发掘、唤醒低被引和零被引文献的潜在价值提供理论依据。[方法/过程]采用被引速率指标和睡美人指数两种客观指标识别 1970—2005 年临床医学四大名刊上发表的睡美人文献;基于以下 4 个原则寻找唤醒睡美人的王子文献:① 发表于被引突增的附近年份;② 本身被引次数较高;③ 与睡美人文献的同被引次数高;④ 在年度被引次数曲线上,王子文献对睡美人文献的"牵引或拉动"作用非常显著,即至少在睡美人文献引用突增的附近年份,王子文献的年度被引次数应高于睡美人文献。[结果/结论]由于考虑了全部引文窗的引文曲线,被引速率指标能够识别出那些被引生命周期长、至今仍持续不断高频被引的论文;睡美人指标能够快速识别出睡美人文献,但却无法反映年度被引次数达到峰值之后的引文曲线;将被引速率+发表最初 5 年年均被引次数两个指标结合起来能够更好地识别睡美人文献。分析发现,

续表

题名	睡美人与王子文献的识别方法研究[8]
摘要	综述、指南、著作等"共识型"的文献对于引发那些提出了新思想但尚未被认可的睡美人文献的被引突增起到了关键作用。建议事后识别睡美人文献可采用客观指标与主观界定相结合的方法,事前预测睡美人文献要注意追踪其是否被"共识型"文献推荐和引用,学术评价要特别关注被引速率低的论文。
关键词	睡美人文献　王子文献　被引速率　睡美人指标　临床医学

此篇摘要对研究目的与意义、研究方法和过程、结果及结论有清晰的揭示。不足就是篇幅过于冗长,尤其是"[结果/结论]"部分的行文不够简练,反倒让人一下抓不住此篇文章的主要贡献(或观点)是什么。

研究者撰写摘要时,选择概括性摘要还是程序性摘要,通常与所研究的内容有关联。一般而言,理论性的、阐释性的、历史性的研究论文,用概括性的摘要较为合适;实证性的、量化性的、模型建构性的研究论文,更适宜用程序性摘要。

7.1.2 关键词

写完摘要,还要填写文章的关键词。关键词(keywords)是为了做文献标引、方便检索而从论文中选取出来,用以表示全文主题内容的单词或术语。通常由主题词和自由词组成。主题词是为方便标引或检索文献而从自然语言的词汇里挑选出来并加以规范了的词或词组,如《汉语主题词表》[9]里的主题词;自由词则是未规范化且尚未收入主题词表中的词或词组。关键词的抽取,能从《汉语主题词表》中抽取最好,但实践中很少有人这么做,尤其是新的学术概念或语词(如上面例子中的"睡美人文献"、"禁书排行榜"),主题词表里也没有。

一般来说,一篇论文的关键词不超过 5 个,否则就不是关键词了,如表 7-1《新世纪以来美国禁书排行榜透析》一文中的关键词有 6 个,显得多了些。该文的关键词改为"禁书;禁书排行榜;美国"似更合适些。虽然国家标准《学位论文编写规则》(2006 年)规定每篇学位论文可选取 3～8 个词作为关键词[10],但也不必太多。

1. 选择或抽取关键词的注意原则

其一,在选择或抽取关键词时,所选关键词在论文中要有明确出处,甚至有较高的使用频率。作为关键词的单词或术语一般都有专业具象的含义。如"文献""知识""图书馆""读者服务""参考咨询"等。而一些不能表示专业具象含义或语义性含糊的语词,如"理论""方法""途径""研究""问题""特点""对策""建议""展望"等概念,不宜单独用作关键词,只能组成有确指意义的词组使用,如"图书馆学理论""阅读推广方法"等。

其二,用简单的单词或术语,而不用复杂的复合词组。如讲图书馆建筑结构的文章,可用"图书馆""建筑结构",或"图书馆建筑""建筑结构"两个关键词来表示,但不宜用"图书馆建筑结构"作关键词,因为组配形成的关键词太长,不便于计算机识别或检索使用。2010年我参加某次博士生答辩,有一篇论文题目是《高校知识共同体研究》,关键词为"高校知识共同体;高校知识共同体基本特征;高校知识共同体构成要素;高校知识共同体实现模式",如果改为"知识;共同体;知识共同体;高等院校"等则会更好。

2. 关键词前后排序所遵循的规则

其一,"研究对象——高度相关面——一般相关面——弱度相关面"。如表7-2《睡美人与王子文献的识别方法研究》一文,其关键词的排列就属于这个类型:"睡美人文献;王子文献;被引速率;睡美人指数;临床医学"。

其二,"研究对象——上位(下位)面——上上位(下下位)面"。如我与吴汉华合作的《开发读者知识资源的新模式:真人图书馆》一文(载《图书馆杂志》2010年9期),关键词的排列顺序就可以是:"真人书;真人图书馆;读者知识资源;读者资源"。

其三,"研究对象——可拓面1——可拓面2——可拓面3"。如我写的《从图书馆员到"活字典":记张政烺先生》(载《大学图书馆学报》2012年1期),关键词的排列顺序就是:"张政烺;史语所图书馆;活字典;图书馆员精神"。

其四,"研究对象——相关方面——相关空间——相关时间"。如我写的《中国图书馆学教育九十年回望与反思》一文(载《中国图书馆学报》2009年6期,又转载于人大复印报刊资料《图书馆学情报学》2010年1期)。关键词的排列顺序就可以是:"图书馆学教育;中国图书馆学;教育发展史"。

7.2 绪论与其他正文章节

7.2.1 绪论

"绪论"又可称为"引言"、"引论"、"叙论"等,国家标准《学位论文编写规则》(2006年)称其"一般是作者对本篇论文基本特征的简介,如说明研究工作缘起、背景、主旨、目的、意义、编写体例,以及资助、支持、协作经过等。"[11]它的作用就像一座大桥的引桥。普通文章绪论的写作要注意两点:一是不要套话多、篇幅太长,二是不要用文学语言。论文绪论写得很长,会使文章显得头重脚轻;大量使用文学语言,不仅没有实质内容,也不符合科学态度。

通常,硕士、博士研究生毕业论文的绪论主要由以下几部分内容组成:

1. 选题的意义(或"选题的缘由"、"问题的提出")

主要叙述本选题有什么理论意义与应用价值。一般要交代研究背景,简单地介绍为什么选这个题。例如针对学术理论中某种通行的说法给予反证,就需要交代一下为什么这样做。这一节的文字通常在一千字左右,写清楚就行了。

2. 相关概念的界定

即对本论文的主题概念及其相关概念进行定义或界定。如果是主题概念非常明确,相关概念也没有歧义,这一节也可以省略,直接进入下一节"文献研究综述",直接在"文献研究综述"中简要叙述自己的"概念框架"。如果主题概念是新语词或相关学术概念需要厘定的,则本节不能省略,要集中把自己的"概念框架"问题解决。例如,要探讨图书馆的移动信息服务,就要对"移动信息服务""图书馆移动信息服务"进行明确界定,同时也要厘定其与相关概念的关系,这些相关概念有"移动图书馆""手机图书馆""移动数字图书馆""图书馆移动服务"等。

3. 文献研究综述

对本选题相关的国内外学术研究现状、进展,进行综合评述。做文献综述时,要注意前后顺序,如采用先国外、后国内[①],先综合内容、后专门内容。如果是博士研究生毕业论文,文献研究综述(历史回顾、文献回溯)应该单独成章,并用充分、足够的文字进行叙述。

4. 论文基本结构

交代本论文每章的安排以及主要阐述的内容,即讲清楚本论文主体内容由几章构成,每章的主要内容是什么,重点解决或阐述了什么问题。

5. 主要研究方法

交代本论文使用的主要研究方法时,有以下三点要注意:其一,不属于研究方法的内容不要列进来,如有人列出"理论借鉴法",不知所云;其二,所罗列的研究方法内容上不能交叉,如有人列出的研究方法有"文献研究法""网络研究法"等,网络文献也是文献的一种,不宜单列出来;其三,不能罗列过多,如有人列出七八种研究方法,这是不合适的[②]。

6. 主要创新点

讲本论文的创新点时,不要刻意拔高,也不要罗列太多,应秉承实事求是的态度。注意某些表述不属于创新点,如有的研究生论文称自己的创新之一是系统研究了某某主题内容或某个问题。"系统研究了"不能算是创新,因为硕士、博士研究生毕业论文就是要系统地研究某个现象、某些问题,这是基本要求,怎么能算是创新呢?还有的研究生毕业论文称自己的研究填补了某领域研究的空白,这也要慎重。因为只要有人在你前面做过此类研究,就不能轻言自己是填补空白。

---

① 特别要注意不能将港澳台等地区的相关研究综述放到国外部分。
② 如何正确交代研究方法,可以参考第一章中第 4 节的有关论述。

7.2.2 其他正文章节

正文其他部分也要分篇章,章节数量至少应有四五个左右。在多年评阅硕士、博士研究生毕业论文的实践中,我发现有些论文正文在章节结构上容易出现两个问题,一是篇幅长短不一,二是逻辑关系错乱。

1. 篇幅长短不一

在一篇毕业论文正文中,有的章节两三万字,有的章节才两三千字,篇章之间严重失衡;还有的毕业论文是前面的章节字数多,后面的章节字数少,显得虎头蛇尾。尽管这些情况都是形式上的,但都是有问题的,甚至伤及论文内容,应该避免。

2. 逻辑关系错乱

在叙述过程中,A章、B章、C章、D章、E章如果是先后递进关系的话,那么将C章排在B章之前,那就是有问题的。例如,2010年我参加某校新闻传播学院硕士研究生答辩,有一篇论文名为《3G时代手机广告发展研究》[12],其目录一级标题如下:

第1章 绪论
　　(研究背景、研究方法、研究意义、文献综述)
第2章 手机媒体与手机广告
　　(手机媒体与手机广告、前3G时代手机广告的形式及特点、前3G时代我国手机广告市场发展概况)
第3章 我国手机广告面临的问题及对策
　　(政策与法律缺失困境、消费者接受性困境、技术困境)
第4章 3G时代手机广告新发展
　　(何谓3G时代、3G技术在手机上的应用、国外3G发展现状、3G时代手机广告的形式及特点)
第5章 国内外手机广告案例研究
　　(日本:东瀛邻国的I—mode模式、英国:免费移动电话和Flit的运营模式、韩国和美国的运营模式借鉴、《大话G游》的启示)
第6章 3G时代手机广告发展趋势
　　(手机广告产业发展趋势、手机广告形式发展趋势、手机广告的推广)
第7章 结语

该篇文章中的"第3章 我国手机广告面临的问题及对策"从逻辑关系上应该往后调,放在"第7章 结语"的前面。此外"何谓3G时代"(讲述什么是3G)这类术语、概念的内容,也不应在第4章才出现,应该在"绪论"里讲清楚。

此外,正文章节还要注意序号编排的问题。章节序号的编号有两种:一是用

"1"、"1.1"、"1.2"……纯数字序号;一是章题用"第一章",节题用"1.1"、"1.2"……混合序号。通常,在论文目录中要列出三级序号标题。

在正文内容中,四级序号标题最好不用"2.1.1.1"之类的序号,这样有些乱。一般四级的序号,在该节里可用"(1)、(2)、(3)……"。四级之下还有五级的就用"①、②、③……",六级就用"·、·、·……",总之,要避免"2.1.1.1"之类的序号。

7.3 结语与致谢

7.3.1 结语

为了卒章显志,结语(或称"结论")一般不能篇幅太长,主要内容是总结论文的观点(新思想或新发现)、指出论文尚且存在的哪些问题。结语里可以不再分小节,但是段落之间要有序号,如(1)、(2)、(3)……,等。这样可以让读者一目了然。

结语的行文要简洁,不得有模棱两可的话,如"可能是""大概出于"等。当然也不能对自己取得的成果夸大其词,要慎用"填补了""颠覆了""发现了"等语词。

此外,结语的写作要与绪论遥相呼应,即绪论里提出的问题,要在结语里回答是怎样解决的,结论是什么。

7.3.2 致谢

一篇研究生毕业论文的完成,凝结了作者的心血,也得益于老师的指导与友朋的帮助。作者通过致谢的方式表达自己的情感,这合情合理。但由于阿谀之词泛滥,有的导师明令学生不得写致谢,这也应该理解。同时,有的作者对在文献或数据上给予其重要帮助的人避而不提,这就有掠人之美甚至剽窃的嫌疑了。

致谢应单另为页,一般附在论文的最后部分。

7.3.3 作者贡献说明

单篇的、多作者完成的研究论文,在发表时还应在文章结尾处标出"作者贡献说明"。如表7-2所举《睡美人与王子文献的识别方法研究》一文的结尾处,就有如下标注:

作者贡献说明:

杜建:进行数据采集与分析,撰写初稿;

武夷山:进行研究思路设计,修改论文。

7.4 参考文献与附录

7.4.1 参考文献

文后参考文献的排列要有顺序,如先著作后论文,先中文后外文,先纸本文献后网络文献等。有的毕业论文插入"一、著作"、"二、论文"、"三、网络文献"等小节题来标示文献类型,我觉得可以使用也可以不使用,酌情处理。

硕士、博士研究生毕业论文在正文的每章中要列出参考文献,在正文部分的最后还要再列出"论文主要参考文献"。章节的参考文献与正文后参考文献的区别在于:

(1)章节参考文献的序号是与该章内容中的引用序号相一致的,因此既可以列在章后,也可以出在页下(即脚注);而正文后主要参考文献是挑选出来的,序号是重新排序的。

(2)章节参考文献的著录要求完整,著作或论文要出现页码,报纸文献要出现版次。而文后主要参考文献的著录相对完整就可以了,即著作不必出现页码,仅著录到出版年月就可以了。但论文还应标出页码,报纸文献还应标出版次。

此外,如果章节参考文献不用脚注形式,而是集中排列在章节尾部,那么还要注意章节的参考文献与章节正文中的注释(如"脚注")的区别,即参考文献使用[1]、[2]、[3]……序号集中排列于章节文末;注释(如"脚注")则是作者对章节正文中某一特定内容的解释或说明,通常使用①、②、③……序号列于该页地脚。

7.4.2 附录

现在许多硕士、博士研究生在写作毕业论文时还有"附录"。但需注意,作为论文主体部分的补充,附录是必要的但不是必须的。国家标准《学位论文编写规则》(2006年)[13]认为,下列内容可以作为附录编在论文后:

——为了整篇论文材料的完整,但编入正文又有损于编排的条理性和逻辑性,这一材料包括比正文更为详尽的信息、研究方法和技术更深入的叙述,对了解正文内容有用的补充信息等。

——由于篇幅过大或取决于复制品不便于编入正文的材料。

——不便于编入正文的罕见珍贵资料。

——对一般读者并非必要阅读,但对本专业同行有参考价值的资料。

——正文中未被引用但被阅读或具有补充信息的文献。

——某些重要的原始数据、数学推导、结构图、统计表、计算机打印输出件等。

有的研究生毕业论文,因写作篇幅不足,就选择一些容易获得的、相关的国际文件、国内法规、政策文本,如 1994 年联合国教科文组织颁布的《公共图书馆宣言》(*Public Library Manifesto*, UNESCO),2015 年中共中央办公厅、国务院办公厅印发的《关于加快构建现代公共文化服务体系的意见》等,作为附录,列到正文后部以充字数,这种倾向是要反对的。

参考文献

[1] [美]理查德·谢弗.社会学与生活[M].刘鹤群,房智慧,译.北京:世界图书出版公司北京公司,2008:36.

[2] 全国文献工作标准化技术委员会.文摘编写规则:GB 6447-86[S].北京:中国标准出版社,1986:1.

[3] 同[2].

[4] 国务院学位委员会办公室,全国信息与文献标准化技术委员会.学位论文编写规则:GB/T 7713.1-2006[S].北京:中国标准出版社,2007:5.

[5] 黑龙江大学研究生院.黑龙江大学研究生学位论文撰写规范(文科试用本)[EB/OL].黑龙江大学研究生院,(2016-03-23)[2016-04-28].http://210.46.97.212/content_view.asp?id=13313.

[6] 南开大学研究生编.研究生学位论文写作规范[EB/OL].修订版.南开大学研究生院,(2015-04-08)[2016-04-28].http://graduate.nankai.edu.cn/42/38/c3325a16952/page.htm.

[7] 卢章平,刘蒋联,李明娟.新世纪以来美国禁书排行榜透析[J].大学图书馆学报,2015(4):109-115.

[8] 杜建,武夷山.睡美人与王子文献的识别方法研究[J].图书情报工作,2015(19):84-92.

[9] 中国科学技术情报研究所,北京图书馆.汉语主题词表[M].试用本.北京:科学技术文献出版社,1980.3.

[10] 同[4].

[11] 同[4].

[12] 刘丽英.3G 时代手机广告发展研究[D].北京:中国人民大学新闻学院,2010.5.

[13] 同[4],7.

第八章 研究资料的积累方法

研究资料对学术研究十分重要。民国时期的中央研究院历史语言研究所所长傅斯年曾经说过:"近代的历史学只是史料学"。史学当然不等于史料学,但是傅斯年先生说这番话有个背景,一是晚清以来史学研究不振,二是民初以后疑古思潮流行。当时发展中国史学,必下功夫从基础做起,利用科学方法整理一切可用资料为研究历史服务。加上傅斯年本人曾在德国留学,深受兰克实证史学影响,所以他特别强调,搞历史研究要"上穷碧落下黄泉,动手动脚找东西""只是要把材料整理好,则事实自然显明了。一分材料出一分货,十分材料出十分货,没有材料便不出货"[1]。由此可以看出,研究资料对学术研究有着多么重要的意义。

8.1 要对有用的资料敏感

季羡林先生在《中华蔗糖史》中曾说:"我们做学问的人大概都有一个经验。有些资料在此时此地很难说有用没有;但是,在另一个地方,当你遇到有关的问题时,则无用的资料立即变为非常有用。韩文公所说的'牛溲马勃,败鼓之皮'大概指的就是这种情况吧。"[2]对资料敏感,往往体现于读书看报时,一眼掠过之际,发现某资料会对某种研究有重要的参考价值。下面举几个例子:

例一:图书馆职业精神

美国图书馆事业发展得好,沈宝环先生曾经说有三条原因:一是图书馆员的敬业精神,二是社会对图书馆的支持,三是先进技术条件的支撑[3]。图书馆员的敬业精神到底是怎样一个状况呢?在没有看到具体案例之前,《北京青年参考报》2010年刊登的一篇文章引起了我的注意。该文讲华盛顿卖饼人卡尔·洛斯因心肌梗塞猝死的消息竟然上了华盛顿某大报头版,之后,数百名顾客不约而同地来到第17街与K街路口上他原来的卷饼摊的地址,挂出卡尔·洛斯的遗像,送上一朵朵鲜花以示悼念。卡尔·洛斯的卷饼保质保量,饮料货真价实,而且知道顾客的不同口味和喜好,如了解中国人有甜、咸的不同口味。他视顾客为朋友,经常与顾客聊天。有的顾客称他的卷饼摊是"话疗站"[4]。这个报道,我就觉得很有价值,与图书馆职业问题有关,于是就保留起来。我认为,卖饼人去世上大报头版的事情恰恰佐证了美国人的职业观看重的不是职业的地位而是敬业态度,而且,不仅美国图书馆员有敬业精神,其他行业的人也这样,这就不得不使我们深思其原因是什么。

例二：古代书业

黄宗羲的《明儒学案》卷四《崇仁学案四》收录了夏尚朴（1466—1538，号东岩）学案，摘录了夏氏《东岩集》文字，其中有云："予昔有志于学，而不知操心之要，未免过于把捉，常觉有一物梗在胸中，虽欲忘之而不可得。在南监时，一日过东华门墙下，有卖古书者，予偶检得《四家语》，内有黄檗对裴休云：'当下即是动念，则非伫立之顷。'遂觉胸中如有石头磕然而下，无复累坠，乃知禅学诚有动人处。"[5]夏尚朴是正德辛未（1511年）进士，曾官至南京太仆寺少卿（正四品官员，掌牧马之政令，隶兵部）。东华门是明代南京皇城的东门，作为明故宫遗迹至今犹存。我读到这一段文字，马上觉得这是有关明代南京书业市场的重要史料，并将其记下。

例三：佛经传入中国时间

以前我研究古代佛教藏书制度，对佛教传入中国的时间有大致了解。历史中影响较大的一个观点认为，佛教是在东汉明帝永平年间传入中国的，如晋袁弘《后汉纪》、刘宋范晔《后汉书》就记载了"汉明求法"的历史故事①；另一种观点是现代的，认为佛教尤其是佛经是在两汉之交传入中国的，现代学者根据的是《三国志·魏书》三十裴注引鱼豢《魏略·西戎传》的一条记载："昔汉哀帝元寿元年，博士弟子景卢受大月之王使伊存口受《浮屠经》"[6]。元寿元年为公元前2年。这条记载，在《世说新语·文学篇》注、《魏书·释老志》、《隋书·经籍志》等都有引用。1987年我在撰写硕士论文《六朝隋唐佛教藏书考》的时候，就采用了现代学者的观点。

但1927年日本学者藤田丰八却认为，至少在秦朝佛教就已经传到中国了，理由是《史记·秦始皇本纪》里记载了始皇三十三年（前124）"禁不得祠"，"不得"与"浮屠"音同，即是梵语buddha的对音，嗣因忌"屠"字，改成"浮图"（或"佛陀"）[7]；"祠"者，庙寺之谓也。始皇帝下令禁止民间设立佛寺，可见当时已有礼佛拜佛现象。以往隋代费长房的《历代三宝记》（因是一部佛经目录，又被人简称为《长房录》）里出现过佛教秦有说，称始皇帝"三十四年所有典籍悉皆焚烧，唯医方药术不在燹限，降此悉灰。缘是周代圣教灵迹，及阿育王造舍利塔、传记，湮绝靡知所承。又始皇时，有诸沙门释利防等十八贤者，赍经来化。始皇弗从，遂禁利防等。夜有金刚丈六人来破狱出之。始皇惊怖稽首谢焉。"[8]该书成书较晚，所记甚详，难免让人想到顾颉刚先生历史总是层累制造出来的观点，因而学者们怀疑它的真实性。但藤田丰八的研究算不算提出了一个旁证？不管怎样，从语音学角度，破解"不得"与"浮屠"（佛陀）同，其方法让人耳目一新。后来，也有许多学者从语言翻译的角度

---

① 《后汉书·西域传》已言"汉明求法"为"世传"，文字如下："世传明帝梦见金人，长大，顶有光明，以问群臣。或曰：'西方有神，名曰佛，其形长六尺而黄金色。'帝于是遣使天竺问佛道法，遂于中国图画形像焉。楚王英始信其术，中国因此颇有奉其道者。"（[宋]范晔.后汉书：卷八十·西域传[M].北京：中华书局，1965：第10册，2922.)

否定这一说法。王力先生强调学术研究上要牢记一条原则,就是"例不十,法不立"[9],佛教秦有说还需更有力的证据来证实。

8.2 积累资料方法之一:抄录

抄录即见有用资料辄记录、保存起来。梁启超说,抄录是极旧、极笨、极麻烦但又是极必要的读书方法,真正做学问的人总离不了这条路。大学者能旁征博引、分析细密,不是靠记忆而是靠抄录或笔记,经过铢积寸累、困知勉行得来的。"大抵凡一个大学者平日用功,总是有无数小册子或单纸片。读书看见一段资料,觉其有用者即刻抄下(短的抄全文,长的摘要记书名、卷数、页数),资料渐渐积得丰富,再用眼光来整理分析他,便成一篇名著。"[10]

抄录的时候,要为每段抄录文字标识出关键词、详细出处等。清代的俞正燮(就是写过《癸巳类稿》和《癸巳存稿》,对棉花、缠足、围棋等历史考证详核的那位大学者),他足迹走遍半个中国,"得书即读,读即有所疏记。每一事为一题,巨册数十,鳞比行箧中。积岁月,证据周遍,断以己意,一文遂立。"[11]这里的"每一事为一题"就是说俞正燮抄录或笔记时,每段资料要先确定一个主题词(或关键词),有了主题词(或关键词),资料才便于有序保存和快速检索。

或许有人认为,现在有了互联网、数字图书馆,想找什么用搜索引擎一搜就解决问题,抄书者可谓愚不可及也。梁启超没见过电脑,但他下面的一番话好象是对电脑时代年轻人说的。他说,注意力是创新的要件,抄书做笔记是促醒注意及保存注意的最好方法。"当读一书时,忽然感觉这一段资料可注意,把他抄下,这件资料,自然有一微微的印象印入脑中,和滑眼看过不同。经过这一番后,过些时碰着第二个资料和这个有关系的,又把他抄下,那注意便加浓一度。经过几次之后,每翻一书,遇有这项资料,便活跳在纸上,不必劳神费力去找了。"[12]他还说:"无笔记则必不经心,不经心则虽读犹不读而已。"[13]"经心"而不是"精心",一字之差,意义大变。电脑时代,网上阅读把人的思维越来越零碎化、符号化、机械化,我们的双眼被大量信息流牵引奔跑,已经不能驻足思考,不能安静想象,经心之物也越来越少。如果我们读书时认真抄录,顺便还能将自己的心得记录下来,经过这样一番手脚后,那种知识思想方可算是自己的了。所以,抄录的读书方法不应废,只是以前我们用笔抄,现在我们可以用打字输入的方法抄,工具变了,方法的本质未变①。

另外,抄录下来的资料,最好要标引上主题词或主题短语,同时还要详列出处,以便写作引用。如下面几个例子:

---

① 以上三段有关"抄录"的文字,转录于我的《图书馆学是什么》(北京大学出版社,2008年)一书的79~81页,谨此说明。

例一：对外来文化的态度

圣雄甘地说："我不想让我的房子四面高墙耸立,不想让我的窗户密不透风。让所有土地孕育的文化都尽情地吹送到我的房屋周围。但我却不想被其中任何一个吹得站不住脚。"(联合国开发计划署.2004年人类发展报告：当今多样化世界中的文化自由[R].本书翻译组,译.北京：中国财政经济出版社,2004：85.)

例二：读古代原典的重要性

《瓦尔登湖》虽为文学作品,但内容却是写实的,记述作者梭罗(Henry David Thoreau,1817—1862)避开城市喧嚣,在瓦尔登湖自耕自食生活的体验。本书中有一篇"阅读"内容,讲述了现代人努力读古典著作的重要性。他认为读古典著作最好读原典,甚至花费光阴学会一种古代文字,"即使只学会了几个字,它们却是从街头巷尾的琐碎平凡之中被提炼出来的语言,是永久的暗示,具有永恒的激发力量。有的老农听到一些拉丁语警句,记在心上,时常说起它们,不是没有用处的。有些人说过,古典作品的研究最后好像会让位给一些更现代化、更实用的研究；但是,有进取心的学生还是会时常去研究古典作品的、不管它们是用什么文字写的,也不管它们如何地古老。因为古典作品如果不是最崇高的人类思想的记录,那又是什么呢？它们是唯一的,不朽的神示卜辞"(83页)。本书还提到："书,最古老最好的书,很自然也很适合于放在每一个房屋的书架上"(85页)。"没有学会阅读古典作品原文的人们对于人类史只能有一点很不完备的知识"(85页),([美]亨利·戴维·梭罗.瓦尔登湖[M].徐迟,译.上海：上海译文出版社,2011.1.)

例三："图书馆学"英文对应词

中文"图书馆学"在英文中有意义不尽相同的对应词汇：librarianship 和 library science。一般而言,library science 可译成"图书馆学"或"图书馆科学",偏重学科的训练；librarianship 除可译成"图书馆学",还可译为"图书馆事业",即除学科训练之外,还加有图书馆专业之经验与活动的含义。通常在应用上,两者相通,不过美、加喜用 library science,英国喜用 librarianship。(卢秀菊.图书馆学之理论基础与研究范围[J].资讯传播与图书馆学,1999(1)：7-17.)

例四：维基百科的软肋——精确性

自2001年创办至今,维基百科始终将自己定位为包含人类所有知识领域的百科全书,内容包罗万象：从波士顿蜜糖惨案到加拿大犀牛党、从比尔·盖茨的家到仅仅持续了45分钟的英桑战争,从冰岛的伊斯兰教概况到第一只环游澳大利亚的猫科动物……很显然,传统的百科全书永远不会涉及这样的词条。作为世界上最大的"自由的百科全书",精确性一直是维基百科的软肋。曾编纂过《不列颠百科全书》的一名学者就把维基百科比喻成公共厕所:你永远不知道最后一个用它的人是谁。然而,2005年12月美国《自然》杂志的研究表明,目前维基百科的准确度几乎可以媲美《不列颠百科全书》。《自然》杂志从维基百科和大英百科全书中随机抽取了同样的条目,评定的结果显示:维基百科和大英百科各有162个、123个常识性错误,并各有4个严重错误。不过,当时《不列颠百科全书》发布长篇文章反驳,称这个研究错误百出,"没有任何值得一提的地方。"(柳丝,等.《不列颠百科全书》沉浮录[EB/OL].新华网·国际先驱导报,(2012-03-26)[2012-04-04]. http://news.xinhuanet.com/herald/2012-03/26/c-131483221.htm.)

8.3 积累资料方法之二:批注

抄录是抄书之大意或原文,而批注则是阅读中将心得批注于书上。如图书馆学专业学生都知道古代集部书有别集、总集之分。总集的发展历史、编纂方法究竟如何,专业书籍通常语焉不详。我在读《四库全书总目提要》时,见"集部"列唐代天宝时芮挺章编的"《国秀集》三卷",其提要里有如下语:

> ……唐以前编辑总集,以已作入选者,始见于王逸之录《楚辞》,再见于徐陵之撰《玉台新咏》。挺章亦录已作二篇,盖仿其例。然文章论定,自有公评,要当待之天下后世。何必露才扬己,先自表章。虽有例可援,终不可为训。至《旧序》一篇,无作者姓氏,陈振孙《书录解题》谓为楼颖所作。颖,天宝中进士,其诗亦选入集中。考梁昭明太子撰《文选》,以何逊犹在,不录其诗,盖欲杜绝世情,用彰公道。今挺章与颖,一则以见存之人采录其诗,一则以选已之诗为之作序,后来互相标榜之风,已萌于此。知明人诗社锢习,其来有渐,非一朝一夕之故矣。以唐人旧本所选,尚有可采,仍录存之。而特著其陋,以为文士戒焉[14]。

唐诗选本,非后世始为之。今可考知者,唐人编选诗歌总集已有137种之多,其中唐人选唐诗之总集也有40余种[15],今存者仅有十一二种,其中芮挺章《国秀集》三卷,选开元至天宝三载(744)90家220首诗,今存85家211首。天宝三载,国子进士楼颖为之序,故四库馆臣讥之"互相标榜"。《总目提要》这段文字涉及了古代总集的编纂历史与编纂方法问题,可谓珍贵难得。于是我就在旁白处做出批注曰:"此条涉及总集编纂方法。总集录时人之作与不录时人之作来历。"

又《四库全书总目提要》"集部"中有"《极玄集》二卷"(《总目》中"玄"作"元",避康熙名讳所致),其提要曰:

> 唐姚合编。……所取王维至戴叔伦二十一人之诗,凡一百首,今存者凡九十九。合自称为"诗家射雕手",亦非虚语。计敏夫《唐诗纪事》,凡载集中所录之诗,皆注曰右姚合取为《极玄集》,盖宋人甚重其书矣。二十一人之中,惟僧灵一、法振、皎然、清江四人不著始末,祖咏不著其字,畅当字下作一方空,盖原本有而传写佚阙。其余则凡字及爵里与登科之年,一一详载。观刘长卿名下注曰"宣城人",与《唐书》称"河间人"者不同;又皇甫曾注"天宝十二载进士",皇甫冉注"天宝十五载进士"。以登科先后为次,置曾于冉之前,与诸书称兄弟同登进士者亦不同。知为合之原注,非后人钞撮诸书所增入。总集之兼具小传,实自此始,亦足以资考证也[16]。

姚合为唐诗人,元和十一年(816)进士,授武功主簿,官秘书少监。世称姚武功,其诗派也称"武功体"。他所编纂的唐人诗歌总集《极玄集》二卷,有元至元建阳刻本、明万历毛晋汲古阁本传世。1958年中华书局出版《唐人选唐诗》(十种),收录此集。《极玄集》中,每位诗人姓名下都注其字及爵里与登科之年,故《总目提要》称"总集之兼具小传,实自此始,亦足以资考证也。"这句话也非常重要,是总集发展史不可多得资料以及总集编纂方法之案例。所以,我在旁白处批注一句:"总集兼具小传。总集编纂方法。"清人严可均编总集《全上古三代秦汉三国六朝文》,每位作者名下皆有小传,其法竟可寻祖于姚合。

8.4 积累资料方法之三:备忘

备忘就是在备忘录里记下有用资料的线索,备以后检索、阅读。如我每年都有一个"借书记录",有些泛读书,其中有用的资料没有来得及抄录,会特别标示出来,以便下次再借阅:

- C3/33 社会科学研究的思维要素. 肯尼斯·赫文,托德·多纳,著. 李涤非,潘磊译.
【有关概念、假说的论述很好。】
- C91-03/37a 社会工作研究方法:质性和定量方法的应用. [美]劳伦斯·纽曼,拉里·克罗伊格,著. 刘梦,译.
【此书关于"理论"问题有精到论述,还须再阅查。】
- K815.1/12 社会思想名家. [美]刘易斯·A.科塞,著. 石人,译.

【此书关于哈贝马斯的理论有精到概括,还须再阅查。】
- C232/10 法治进程中的"民间治理":民间社会组织与法治秩序关系的研究.马长山,著.

【对政府市场双失灵以及国内民间组织不足分析颇好。】
- C91-53/23(4) 社会理论论丛.张一兵,周晓虹,周宪,主编.

【书中有公民社会与社会资本的论述。】
- C53/699 刘文典诗文存稿.刘文典,著.诸伟奇,刘兴育,编.

【此书提到的古书标点事,早矣。】
- C55/25(10) 文学与文化.南开大学文学院《文学与文化》编委会,编.

【本书中对文集形成的历史的论述。】
- K825.8/7a 励耘承学录.刘乃和,著.

【书中有《陈垣与北京图书馆》一文,介绍陈垣职图书馆之事。】
- G122/149.1 文化交流的轨迹:中华蔗糖史.季羡林,著.

【谈到糖史资料的收集方法、写作方法,对陈寅恪写作方法有借鉴,见521页。】

8.5 积累资料方法之四:编目录

编读书目录,会加深记忆,也有助于今后重新检索。这主要针对的是古代文献研究者而言的,尤其是对做某一个专题研究而言的。目录如何编写,可以借鉴图书馆的编目方法,略揭其内容以资研寻。如施廷镛先生编的一条书目:

《金石存》十五卷,吴玉搢撰,清嘉庆乙卯年间抄香室刊本,八册

是书采集前代金石遗刻,疏其年月,具全文而加以考证。自序谓较之欧阳洪赵所储不过十一,而以编经史之疑,订传注之失,考古文篆隶行楷讹俗递变之由,亦已略具云。前有李宗昉叙自叙题词及校刻例言,卷末有周榘跋。

吴玉搢,字山夫,清江苏山阳人,康熙中由廪贡官凤阳训导,深于小学。潍县韩梦周曾为之传。传见《理堂集》。著有《别雅》、《说文引经考》二卷、《六书述部叙考》、《山阳志遗》、《金石存》十五卷、《天发神忏碑考》四卷[17]。

这条书目有书名、卷数、作者、版本、册数、内容大要、作者简介等。有关此专题的书目积累多了,就形成了一个非常有价值的专题书目成果。古代戏曲与小说研究大家吴晓铃(1914—1995)先生,提起学术研究方法说,研究戏曲的基本工作有三

种：编目录、写提要、辑曲论，这些烧制砖瓦的工作结束了，就可以搭建巍峨大厦了。如他在民国期间所作的一条书目如下：

  《红拂记》二卷三十四出

    存明万历间富春堂刊本（北平图书馆藏），明玩虎轩刊本（长乐郑氏藏），明容与堂刊李卓吾评本（通县王氏藏），明末六十种曲本等。

    明张凤翼撰。

    凤翼字伯起，号灵墟，江苏长洲人。嘉靖六年生，万历四十一年卒，年八十七。与弟献翼、燕翼并有才名，时号三张。嘉靖四十三年举人，会试不第，晚年以鬻书自给。（见《列朝诗集》、《明诗纪事》、《近事丛残》、《曲品》、《顾曲杂言》、《三家村老委谈》、《剧说》、《曲论》等。）[18]

  吴晓铃先生"编目录"使用的就是我们图书馆学的提要法。这条书目记卷数（或折数）、录版本、标存佚、注藏家、写小传、附引目，已经很完备了。如果这样一条一条的书目积累多了，将其汇集起来，就成了一部有提要的《古戏曲书目》。而吴晓铃先生的"写提要"，其实是记述戏曲内容的梗概，使未读过原书者可以略知剧情大要，有类西方的书评（book review）及中国报刊上的"内容简介"，如《乐府考略》等书，这是戏曲文献所特殊需要的一种提要。吴晓铃先生说到的"辑曲论"，就是将戏曲评论作品收集在一起，如将《曲品》、《剧说》、《雨村曲话》等汇集在一起。

  我们平时读书，觉得有价值的现当代学术著作，读完之后也可以编一条目录。特别是遇到其他学科领域的学术著作含有本专业的资料的，通过编目录就可以保存下来，时间久了，就会形成一部与本专业关联的经眼书目。以下是我编制的四则与图书馆学有关联的书目案例：

例一：图书馆学理论

黄俊傑，江宜樺，編. 公私領域新探：東亞與西方觀點之比較[M]. 臺北市：臺大出版中心，2005.8.

索书号 D0 H842（清华图书馆）

  本书有关"公共哲学"的提法，对"公共文化"概念有比较意义。其中蓝弘岳的《东亚中的"公共"概念——历史源流与展开》一文（77～115页），探讨了东亚尤其是中国、日本的"公共"的概念与西方"公共"（public）概念的缘起与内含的差异。我猜测，《史记》里提到的"公共"一词，历经唐宋、明清，基本上具有动词属性，其意为"大家共有"之意，而西方之"公共"（public）基本为名词乃为一领域性、空间性的含义。要了解"公共图书馆"，则应对"公共"一词讨津溯源。

例二：道藏历史

杨寄林,译注.太平经[M].北京：中华书局,2013.4

索书号 B952/7a(上)(北大图书馆)

  本书分上、中、下三册,上册的前言对《太平经》的编著与流传、体例与内容、作用与价值作了详细的论述。该文对道教典籍的形成、收藏、分类、流传的历史有重要参考价值,如对早期《太平经》装帧形式"清首"、"丹目"的介绍,部书帙卷数厘定方法的说明等,都值得一阅。

例三：西方书籍史

曹顺庆,主编.中外文化与文论(第27辑)[M].成都：四川大学出版社,2014.11.

索书号 I0-03/25(27)(北大图书馆)

  该连续出版物由中国中外文艺理论学会、四川联合大学中文系汉语言文学研究所主办。本辑中收录的高树博《书籍史与形式史》一文(110～120页),对弗兰克·莫莱蒂(Franco Moretti)的书籍研究史成果有介绍。莫莱蒂用定量的方法,研究19世纪图书馆空间大小与小说、外国小说数量的关系,认为书籍的发展史与空间形式存在反比关系。莫莱蒂认为：图书馆越小,其藏书的经典性也高,所谓"差一些"的文本就遭到了放逐。如果一户人家只有一本书,它便是宗教经典；一个图书馆只有一个书架,它将被经典填充；一个地区如果只有一个图书馆,那就是小说的地盘。该文的主要参考文献是 Franco Moretti, *Atlas of the European Novel 1800-1900*, London and New York : Verso Press, 1999.

例四：地方文献

洪焕椿,编著.浙江文献丛考[M].杭州：浙江人民出版社,1983.2

索书号 K295.5/4a(北大图书馆)

  本书作者是孙诒让的外孙,民国三十年代先后在浙江图书馆和浙江通志馆工作过。本书内容一是记载浙江学者藏书、校书、刻书和著书的历史文献,如《浙江书林散记》、《浙江雕版印书杂识》等；二是考订有关浙江地方志的几个问题,如《浙江通志纂修源流考略》、《辛亥革命以后编纂的浙江地方志》等。

  每条目录前设主题词,是为目录多了便于分类排序；著者与书名等信息之下有索书号与收藏单位,是为方便检索借阅；提要内容注明与本专业相关的资料及其价值,是为说明可供哪方面研究参考。

8.6 积累资料方法之五:建数据库

做研究课题,我们宜建立专题资料数据库。平时阅读报刊或浏览网页,凡遇见有用资料,可以剪裁、下载,存在特定的纸袋或电脑文件夹里,这也起到了小型数据库的作用。

武汉大学俞君立教授在写作《中国文献分类法百年发展与展望》一书时,查阅到20世纪国内有关文献分类的论文6,500余篇、专著110部、文献分类法近200部、著者号码表约70余部,他先将这么多的资料线索建立成一个课题研究数据库,然后再进行资料的整理与研读。在收集资料过程中,许多民国时期的文献因年代久远、查阅困难,但他们克服困难,依然获得了这一时期文献的93%[19]。

总之,只有重视资料积累,才能出好成果。古人著书,皆寸积铢累而成,如顾炎武的《日知录》。顾炎武(1613—1682,号亭林)费时三十年写出《日知录》32卷,所谓"稽古有得,随时札记,久而类次成书者。"[20]他提倡著述要认真积累、重视一手资料,云:"尝谓今人纂辑之书,正如今人之铸钱。古人采铜于山,今人则买旧钱,名之曰废铜,以充铸而已。所铸之钱既已粗恶,而又将古人传世之宝舂剉碎散,不存于后,岂不两失之乎?承问《日知录》又成几卷,盖期之以废铜。而某自别来一载,早夜诵读,反复寻究,仅得十余条,然庶几采山之铜也。"[21]正因为如此,一世之人方能成非一世之书。

历史学界有个学者叫陈登原(1900—1975,字伯瀛),1950年后任西北大学历史系教授。他写的《天一阁藏书考》(1932年)、《古今典籍聚散考》(1936年),在图书馆学界也有很高的声誉。他做学问特以积累资料为重,见到有用之文字辄记在卡片上。所以他撰述出来的著作多留有排比史料的痕迹。如代表作《国史旧闻》即凭借其二三十年记卡片的功力而成。该书共四册,近200万字,虽然重在史料的收集、分类和编排,但是每个条目下皆有作者评说,实际上是一部汉以后的中国通史。首卷于1958年由三联书店出版,辑述三国魏晋南北朝史事,出版社按资料类书籍计,初拟以每千字6元标准付稿酬,经陈氏力争,始改以著作类每千字12元付之。在同年批判"厚古薄今"运动中,此事成陈氏一大罪状,而陈自辩"为这部稿子,我已经写过三千万字(卡片在外),手上生茧了(请检查我的大指中指)。……如果承认一篇论文,一本著作,乃是手工业产品的类似,《国史旧闻》就是廿余年的手工人的劳动"[22]。他上课时每言:"一天写卡片十张,三年之后就可以横行霸道!"[23]

近几年因信息技术的推进,大数据的采集、存储与分析已经更为方便,这为人文社会科学增加了新的动力,数字人文(digital humanities)逐渐兴起,计量史学(quantitative history,又称"量化史学")重又受到重视。无论是开展数字人文研究,还是从事计量史学研究,其前提是要对研究文本进行数据化处理后建立出专题资料数据库,在此基础上才能进一步从事数据挖掘、关联分析以及可视化处理等。因此,专题资料数据库的学术价值就显得十分重要。哈佛大学徐力恒博士在《数据驱动的史学研究——中国历代人物传记资料库(CBDB)的建设与使用》报告中介绍,哈佛大学费正清研究中心开发的"中国历代人物传记资料库"(China Biographical Database,CBDB),共收录约370,000人的传记资料,这些人物主要出自七至十九世纪,该资料库将分散在史料中与人物相关的非结构化文本数据进行结构化标引,如将人名(别名、字号)、时间、地址(籍贯、游学、入仕地等)、职官、入仕途径、著作、社会区分、亲属关系、社会关系、财产、人物参与的重大事件等标引转化为结构化的数据,并大规模著录,由此形成了一个超大规模的数据集,人文学者可利用数据进行历史人物活动的地理空间分析、社会网络分析和其他的相关统计分析等[24]。

总之,研究资料是做好研究的基础。程千帆先生说过,材料的搜集是"学",从材料中提出问题是"识"[25]。"学"在"识"前方可谓"学识"。"学"之不厚,"识"之难高。

参考文献

[1] 傅斯年.历史语言研究所工作之旨趣[J]."国立中央研究院历史语言研究所集刊",1928[1971年再版]:第1本第1分,3-10.

[2] 季羡林.文化交流的轨迹:中华蔗糖史[M].北京:昆仑出版社,2010:520.

[3] 程亚男.书海听涛[M].北京:北京图书馆出版社,2001:233-234.

[4] 武宝生.美国:卖饼人去世上头版[N].北京青年参考报,2010-11-09(C4).

[5] [清]黄宗羲.明儒学案[M].沈芝盈,点校.北京:中华书局,1985:上册,71.

[6] [晋]陈寿.三国志:卷三十·魏书[M].裴松之,注.陈乃乾,点校.北京:中华书局,1963:第3册,859.

[7] [日]藤田丰八.中国石刻的由来:附甚么是"不得祠"?[M]//卫聚贤.古史研究:第二集.上海:商务印书馆,1934(民国二十三年):下册,609-636.

[8] [隋]费长房.历代三宝纪[M]//《中华大藏经》编辑局.中华大藏经(汉文部分).影印金藏广胜寺本.北京:中华书局,1992:第54册,142.

[9] 陆俭明.科学研究贵在创新,创新前提继承借鉴[M]//漆永祥,主编.北大中文系第一课.北京:北京大学出版社,2013:83.

[10] 梁启超.治国学杂话[M]//饮冰室合集:专集之七十一·国学入门书要目及其读法.上海:商务印书馆,1989:第9册,24-25.

[11] 张穆.癸巳存稿·序//[清]俞正燮.癸巳存稿.上海:商务印书馆,1957.

[12] 同[10],25.

[13] 梁启超.学要十五则[M]//饮冰室合集:专集之六十九·读书分月课程.上海:商务引书馆,1989:第9册,4.

[14] [清]永瑢,等.四库全书总目[M].影印浙本.北京:中华书局,1965:下册,1688.

[15] 陈尚君.唐人编选诗歌总集叙录[M]//陈尚君.唐代文学丛考.北京:中国社会科学出版社,1997:184-222.

[16] 同[14],1689.

[17] 施锐.奋斗一生:纪念施廷镛先生[M].南京:南京大学出版社,2008:154-155.

[18] 吴晓铃.我研究戏曲的方法[M]//吴晓铃集:第五卷.石家庄:河北教育出版社,2006:1-7.

[19] 俞君立.中国文献分类法百年发展与展望[M].武汉:武汉大学出版社,2002:前言.

[20] [清]潘耒.《日知录》原序[M]//顾炎武.日知录集释.黄汝成,集释.长沙:岳麓书社,1994.

[21] [清]顾炎武.《日知录》初刻自序[M]//日知录集释.黄汝成,集释.长沙:岳麓书社,1994.

[22] 胡文辉.现代学林点将录[M].广州:广东人民出版社,2010:490-494.

[23] 同[22].

[24] 朱本军,聂华.跨界与融合:全球视野下的数字人文——首届北京大学"数字人文论坛"会议综述.大学图书馆学报,2016(5):16-21.

[25] 程千帆,述.张伯伟,编.桑榆忆往[M].北京:北京大学出版社,2015:162.

第九章 学术规范的恪守

学术规范是指学术共同体针对学术个体制定出来的、旨在促进学术自由和学术发展而形成的基本伦理约束体系。学术规范包含两个方面内容,一是学术机构或组织明文规定的学术规训政策,一是学术共同体约定俗成的隐性规训准则。而且,被称为规范的事物,通常对个体的权利与义务、操作内容与方式等会有细致入微的指示与规定,而不会是笼统的说辞。

9.1 学术规范是学者的生命线

每种职业都有自身的职业规范,如会计不能做假账,警察不能涉黑,官员不能贪腐等。职业规范不仅体现一种职业的伦理,也折射一种职业的精神。科学研究者的职业规范主要表现为学术规范。学术规范它贯穿在整个学术活动过程,无论是学术研究、学术评审、学术批评、学术管理中都存在学术规范。

学术规范是学术创新的前提。梁启超尝云:"孟子说'能与人规矩,不能使人巧。'文章做得好不好,属于巧拙问题;巧拙关乎天才,不是可以教得来的。如何才能做成一篇文章,这是规矩范围内事;规矩是可以教可以学的。我不敢说,懂了规矩之后便会巧;然而敢说懂了规矩之后,便有巧的可能性。又敢说不懂规矩的人,绝对不会巧;无规矩的,绝对不算巧。"[1]只有在恪守学术规范条件下做学术研究,才能保障学术创新的严肃性与公信力。

一个人只有经过长期的学习、训练,才能成为学术共同体中的一份子,换言之,取得学术共同体成员资格的成本是十分昂贵的。当你进入了学术共同体,意味着你认可了其中形成的伦理约束体系。涂尔干(Emile Durkheim,1858—1917)说过,当一个职业群体形成的时候,他们通过密切联系创造出来的整体感会成为人们依附的对象,否则不可能同舟共济,"他们情不自禁地依附于这个整体,与其休戚与共,用行动去报答它。这种对超出个体范围的事物的依附,对个体所属的群体利益的依附,是所有道德活动的源泉。这样的整体感变得越来越强烈,最终被应用于共同生活的事务,共同生活成为最平常、最重要的生活,也变成了各种程式,而且比其他程式更明确。由此,我们获得了道德规范的整体,它的基础也正在成形。""职业伦理越发达,它们的作用越先进,职业群体自身的组织就越稳定、越合理。""所有道德纪律都是为个体制定的规则,个体必须循此而行,不得损害集体利益,只有这样,才不会破坏他本人也参与构成社会。"[2]

如果说职业规范是职业的生命线,那么学术规范就是学术共同体的生命线。因为严重违背学术规范,意味着学术生涯完结,已经不适宜做学者了。你将被所处的学术共同体所摒弃。试想,当韩国法院裁定黄禹锡在美国《科学》杂志上发表的人体干细胞论文存在造假事实时,他在科学界就不再有任何学术信誉了。

9.2 如何恪守学术规范

恪守学术规范也是一种学术素养,要经过修养、践行才能养成。下面介绍几种重要的学术规范类型,即如何避免抄袭剽窃、怎样合理署名、正确投稿的方式、不为利益相关人写书评等。

9.2.1 避免抄袭、剽窃

清代学者在使用"抄袭"、"剽窃"这两个概念时,意义区别不大,如《四库全书总目》卷四十三称明人《古器铭释》一书"成于嘉靖中,皆抄袭《博古图》……"[3];卷一三五"类书类"小序言:"此体一兴,而操觚者易于检寻,注书者利于剽窃。辗转裨贩,实学颇荒。"[4]现在抄袭与剽窃的意思虽然也相近,但还是有细微的差异。抄袭侧重指抄录他人学术作品,在不注明出处来源的情况下将其当作自己的作品表达出来;剽窃则侧重指盗取他人学术思想、观点并冒充是自己的原创。目前学术界揭露出来的抄袭事件主要有以下几种类型:

1. 照抄式的抄袭

这种抄袭属于低级抄袭,风险很大,但总有人铤而走险去尝试。2000年8月第3期天津《津图学刊》曾刊出该刊编辑部的《郑重声明——关于本刊作者文章被剽窃一事》,指出该刊1999年第2期刊登的张玲的文章《知识经济与21世纪的图书馆》[5],与辽宁《图书馆学刊》1999年第1期署名郑君生等三人的同名论文[6]内容完全相同,但该文的真正作者却是张玲。为什么张玲发表时间却在郑君生等三人的文章之后呢?事情的缘由是:张玲1998年参加在山西省太原市召开的华北高校图协年会,在会议上提交了这篇文章并作了大会发言。而当时郑君生与后来剽窃张玲的署名作者中的另一人也参加了该次会议,二人得到该文后,又盗用北京一青年学者之名,以三人名义抢先将实际是张玲撰写的论文发表在《图书馆学刊》,于是出现了上述真假难辨的现象。

2001年《图书馆杂志》第5期刊载张彩虹等人撰写的论文《图书馆知识组织问题》[7],我觉得颇有价值,便复印下来。晚上细读,总觉得似曾相识,后找到马费成先生发表在《知识工程》1989年第2期的《知识组织系统的演进与评价》一文,两相对照,发现张文除了换篇名、参考文献以及对原作者作了个别词句的修改之外,内容则全盘窃用马先生的文章。张彩虹等人的抄袭之文也是三人署名。与郑君生等人有所不同的是,张彩虹等三人选择了一篇十几年前发表的文章,而且原刊属内部刊物,仅有四年的办刊历史,一般图书馆难得收藏或难以藏全。他们抄袭的是一篇质量很高、具有一定理论超前性的论文,以至于十几年之后抄袭下来还被核心期刊选中。

此外,直接的将他人论著的章节、段落照搬进自己作品里的行为,也属于原封不动地抄袭他人作品,尽管有时为了隐蔽起见而照抄了原著中的引文和注释。在美国,原则上使用别人的作品中一个段落的 8 个字或者超过 8 个字却没有注明出处的,就违反了联邦著作权法。会被视为抄袭[8]。

2. 做手脚式的抄袭

这种抄袭因鉴别难度大,风险降低,可谓高级抄袭,尝试者也较众。江苏学者刘大生先生总结做手脚式的抄袭大致有以下几种常见的方式[9]:

其一,标尾不标头。抄录的文字开头没有任何标记,没有冒号和引号,没有"某某某说"等引导语,仅仅在引文结束的地方加一个角标。让读者弄不清楚角标之前有多少文字是他人的文字。

其二,有注无标。文章的结尾有几个注释,但是在正文中没有角标(当然也没有引导语、冒号、引号),读者弄不清楚每个注释与正文中哪段话相对应。

其三,标头不标尾。在引文的开头,如"某某某说"的"说"字后面加一个角标,注释栏里也有一个详细的、对应的注释。但是,某某某究竟说了多少话,几百字还是几千字,读者看不出来。

其四,标在中间。比如,抄录了别人 600 字,他的角标不是放在 600 字的结束处,而是放在第 200 字和 201 字之间,给读者的印象,不是抄录了 600 字,而是引用了 200 字。

其五,抄袭注释。也就是连注释一起抄袭。精明的将注释体例改一改,使前后一致。马虎的连注释体例也不改,将各种不同体例的注释全部原封不动地抄到自己的作品之中。给读者的印象是:反正作者是有注的。

其六,改动一些无关紧要的单词,配合以"参见"。如将"一百多年"改为"百年以上",将"此后"改为"从此以后",注释中不是说"见",而说是"参见"。这种方法,与传统"引书法"的要求相反:故意地"使自己之语与所引之说""相混淆"。

抄借他人的文献自古有之。早在古希腊时哲学家们的著作就存在着抄借。当时没有明确的学术规范,但是学者们对大量的抄借表现出了轻蔑。在公元前 200

多年,有一名擅长辩证法的哲学家克律希珀斯(Chrysippus,前280—前207),他勤奋著书超过了七百部,但他的著作大量地引经据典。雅典人阿波罗多洛斯指出,"如果有人拿走克律希珀斯书中属于他人的引文,书中纸页上留下的就是光秃秃的一片。"[10]

中国传统学术对抄借他人文献也有规范。清代经学家陈澧(1810—1882,字兰甫,学者称东塾先生)论曰:"前人之文当明引不当暗袭,《曲礼》所谓'必则古昔',又所谓'毋剿说'也。明引而不暗袭,则足见其心术之笃实,又足征其见闻之渊博;若暗袭以为己有,则不足见其渊博,且有伤于笃实之道矣。明引则有两善,暗袭则两善皆失之也。"[11]近人黄侃(1886—1935,字季刚)先生说:"学问之道有五:一曰不欺人,一曰不知者不道,一曰不背所本,一曰为后世负责,一曰不窃。"[12]不窃者,就是不能抄袭、剽窃。从兰甫、季刚先生的深刻言论,也可看出中国传统学术对学术规范是十分重视的。

9.2.2 合理署名

多人合作完成研究成果存在着如何合理署名的问题。《中华人民共和国著作权法》第十三条规定:"两人以上合作创作的作品,著作权由合作作者共同享有。没有参加创作的人,不能成为合作作者。"[13]一篇学术论文或一部学术著作的署名,应该是参与了论文或著作的写作工作并做出实质性贡献者。为避免出现"贡献大小,各执一词"的状况,合作方应该在合作之初就有关署名问题达成协议。如研究生与导师合作署名完成的文章,我个人认为导师至少要承担了以下工作之一才能署名:

(1) 论文的题目、大纲等详细写作计划是导师帮助拟定的;
(2) 至少论文的1/3资料是导师提供的;
(3) 在论文写作中,主要观点也来自于导师;
(4) 导师参与了写作的过程,并文字量达到或接近1/3;
(5) 导师参与了论文形成中的所有讨论过程;
(6) 初稿完成后导师至少亲自完成了一遍以上的修改工作;
(7) 导师虽未亲自修改,但至少指导了两次以上的修改工作;
(8) 在投稿发表中导师做了审阅、联系并付出了版面费。

在署名的次序上,导师的写作工作量大于1/2,或者在上述工作中承担了两项以上者,可以署第一作者或通讯作者,否则只能视实际情况而署第二作者或其他次序的作者。在导师与研究生的学术关系中,导师一般处于强势地位,所以导师尤应警惕,不能利用这种强势地位剥夺研究生的合法学术权益。

研究生不能在导师不知情的情况下,将自己完成的学术论文署上导师的名字;

即便是导师参与了文章写作的指导工作,但导师没有同意署名,学生也不能私自为导师署名,否则就是未经本人同意而盗用他人姓名署名,侵犯了署名人的合法权益。除了师生关系,这一条对其他关系的合作者也适用。

一经同意署名,导师就要承担学术上、道义上和法律上的责任。如果将来发现合作论文存在抄袭、剽窃问题,署名者要共同承担责任。其中第一署名人将要承担主要责任。导师在知情情况下署名,无论是第几作者,如果发生抄袭、剽窃问题而逃避承担责任,只能说明其人格、品质有污点。除了师生关系,这一条对其他关系的合作者也适用。

9.2.3 正确的投稿方式

正确的投稿主要是说不能一稿多投。《中华人民共和国著作权法》第三十三条称:"著作权人向报社、期刊社投稿的,自稿件发出之日起十五日内未收到报社通知决定刊登的,或者自稿件发出之日起三十日内未收到期刊社通知决定刊登的,可以将同一作品向其他报社、期刊社投稿。双方另有约定的除外。"[14]作者在法定或约定的在投期间里将自己的学术作品改投其他报刊,这就形成了一稿多投行为。

一稿多投的主要表现形式:① 把一篇完整稿件多次投出的;② 将已投文章拆分成几篇分别再投的;③ 将题目稍加改动而内容不变再投出的;④ 将中文发表的作品译成外文再投给国际著作权公约缔约国期刊上发表的[15]。无论变换哪种形式,一稿多投的核心特点是:受益人一般是不变的,著作权人希望自己的一个作品多次获益。

我本人就发生过一稿两投事故,至今仍感内疚。1997年11月26日,我曾向吉林省的《图书馆学研究》杂志投去一篇稿子《隋代官府藏书考述》,五个多月后未见到录用或退稿通知,以为被该刊"枪毙",恰逢《晋图学刊》编辑部来函为其在1998年创办的"博士论坛"栏目约稿,当时本人博士毕业在即,正处在学业最后冲刺阶段,无暇撰写新稿,便将《隋代官府藏书考述》一文转投《晋图学刊》。岂料,《图书馆学研究》1998年第3期、《晋图学刊》1998年第3期分别刊出了这篇论文(《晋图学刊》收到我的稿子是1998年5月11日)。造成这起一稿两投既成事实的原因,与《图书馆学研究》编辑部有一定关系,但本人亦有不可推卸的责任,即在转投此稿时,本应与《图书馆学研究》编辑部取得联系,搞清该刊是否准备发表此文再作决定;不能想当然地认为逾3个月未得到通知,一定是被"枪毙"了。多年来,每想起此事就羞愧不已。自己把它当作一个深刻的教训,时时引以为戒。

一稿多投与重复发表是有区别的,一稿多投是被禁止的,而重复发表是允许的。判定是否可以重复发表的依据主要有以下几点[16]:

(1) 在专业学术会议上做过的口头报告或者以摘要、会议墙报的形式发过的初步研究结果的完整报告,可以再次发表,但不包括以正式公开出版的会议论文集或类似出版物形式发表的全文。

(2) 在一种刊物上发表过摘要或初步报道,而将全文投向另一种期刊的文稿。

(3) 有关学术会议或科学发现的新闻报道类文稿,可以再次发表,但此类报道不应通过附加更多的资料或图表而使内容描述过于详尽。

(4) 重要会议的纪要,有关组织达成的共识性文件,可以再次发表,但应向编辑部说明。

(5) 对首次发表的内容充实了50%或以上数据的学术论文,可以再次发表。但要引用上次发表的论文(自引),并向期刊编辑部说明。

(6) 论文以不同或同一种文字在同一种期刊的国际版本上再次发表。

(7) 论文是以一种只有少数科学家能够理解的非英语文字(包括中文)已发表在本国期刊上的属于重大发现的研究论文,可以在国际英文学术期刊再次发表。当然,发表的首要前提是征得首次发表和再次发表的期刊的编辑部的同意。

(8) 同一篇论文在内部资料上刊登后,可以在公开发行的刊物上发表。

以上再次发表均应向期刊编辑部充分说明所有的、可能被误认为是相同或相似研究工作的重复发表,并附上有关复印件;必要时还需从首次发表的期刊获得同意再次发表的有关书面材料。

9.2.4 不为利益相关人写书评

学生不要给老师写书评,老师不要给学生写书评;亲友之间、朋友之间尽量不要相互写书评,这就是不为利益相关人写书评。因为有感情因素在里面,书评很难客观评价。有的学者深谙此中原理,甚至在研究、著述时,也避免涉及利益相关的问题。如史学家陈寅恪,他研究历史却回避做晚清史。陈寅恪祖父陈宝箴当过湖南巡抚,父亲陈三立是"晚清四公子"之一,父执姻亲多为胜流,用吴宓的话说:"义宁陈氏一家,实握世运之枢纽,含时代之消息"[17],按说研究晚清他最有条件了。但陈寅恪先生说,"我自己不能做这方面的研究。认真做,就要动感情。那样,看问题就不客观了,所以我不能做。"[18]所以,我要求我的学生不能给自己的老师写书评。

还有学者为避利益关系,竟不给学生或友朋著作写序。例如,1945年8月15日日本投降后,侯仁之写成《天津聚落之起源》一书,刊印之前他请老师洪煨莲写

序,洪回一长信辞之。信曰[19]:

仁之贤弟如晤:

廿余年来,友好以著作来命作序文者,无虑数十起,业辄逊谢,弗敢执笔。就中唯忆《太平天国起义记》译本,因原书版本源流宜有叙述,遂增改简君(按即简又文)序文以为之,仍用简君名,不属业名。盖少年时,曾读《逊志斋集·答阁乡叶教谕书》文当无待于外序,实无益于书之论,深感正学先生之言有理,因自立志,吾读书但恐无成,倘博观约取,厚积薄发,而能有述作,当不求人为序。又推己所不欲,勿施于人之言,亦不敢为朋友文字作序耳。

古代序文之流传至今者,如《易》之《序卦》,《诗》、《书》之小序,《淮南》之《要略》,《史记》之自序,刘向之《叙录》、《书录》,班固之《汉书叙传》、许慎之《说文叙》,应劭之《风俗通义序》,赵岐之《孟子题辞》,何休之《公羊解诂序》之属,虽其名称间有异同,虽其或殿书后,或弁篇前,体例微殊;虽其或仅为目录纲要,或仅注意校雠完阙,或复纵论古今著述,或并兼道家人身世,亦自不必一律。然其有一贯相同者,一律则自己之著作,自己为之序。其为昔人之著作,亦必以己为校订注释之故,而为之序是已。未见有书成自我,序出友朋,藉彼吹嘘,发此幽潜者也。

《世说·文学篇》言左思《三都赋》成时,时人互有讥訾。追求询于皇甫谧,得谧为作序,然后先相非二者,莫不敛衽而赞述。然此由汉末党人标榜之习已兴,魏晋文士品藻之风更剧,已不足为尚矣。且《文选》所载,左赋固有自序,简而有致亦自佳,士安之序,则离居他卷,蛇足之累,反相形见绌者也。

唐宋以后,此风尤甚。降及近代,且弊端百出:或达官贵人假手门客,虚炫提倡风雅之功;或文豪名士姑徇俗宜,惯作模棱敷衍之辞。病之轻者,徒滋讥笑;患之大者,竟启祸仇。甚矣,此风之不可不革也。业于仁之岂吝数行序文?顾自愧学问文章之妄以传授仁之者都无足道,唯铿铿小人之心可以自布于仁之之前,而敢信仁之之必不我怪耳。抑亦欲仁之自序其著作,文章千古事,得失寸心知,不特不复别求序文,且使世之名贵虽欲为仁之文字作序而将不可得也,不亦快哉!(下略)

顾炎武于《日知录》里提到:"人之患在好为人序。"他说:"唐杜牧《答庄充书》曰:'自古序其文者,皆后世宗师其人而为之,今吾与足下并生今世,欲序足下未已之文,固不可也。'读此言,今之好为人序者可以止矣。"[20]近世以来,书之作者每每以求得名人序跋为要事,此离古风已远甚。我读过《民国图书馆学文献学著译序跋辑要》[21]一书,这部书稿所收的民国图书馆学文献学著译序跋,有一书两序、三序乃至数序者,如卢震京先生的《图书学大辞典》竟有王文山、沈祖荣、李小缘等10篇序作,大率为作者索求而得。向诸好友求序,作序者免不了要对著者称赞有加。这样的序作,还是少些为好。我自己不能免俗,也曾给他人著述作过序(包括《民国图书馆学文献学著译序跋辑要》一书序),读前贤论述之后自当警醒,无学术心得或真切感言则不可妄为他人作序。

9.3 如何引用他人文献

学术引用的意义在于:通过溯源或归誉保护他人著作权,避免重复前人的研究成果,说明学术继承与发展关系,为自己提供证据和说明,有利于与他人的商榷,纠正自己的研究工作,为读者提供查找相关资料提供线索,利于文献计量学分析、统计等。有人认为,"如果把参考文献及索引删掉,简直是'骗掉'其思想脉络和渊源。"[22]故学者凡引用他人的观点、资料、数据、图表、程序等,一定要作出标注。引用了他人学术成果不做引注,就构成了抄袭或剽窃。

9.3.1 直接引用与间接引用

引用他人文献主要有直接引用与间接引用两种形式:

(1)直接引用:凡是直接引他人文献原话的,一定要标出引号(""),引号内的来源文献,必须完全按原始资料的表述方式、原有的标点符号来呈现,即使原始资料是错误的也要照抄不误,然后在引号外做出标注符号,指示来源文献。直接引用的引用量要控制在适度范围。如果直接引用的字数较多,还可以采用变化字体与排版格式等方式来表示。

(2)间接引用:凡不直接引他人文献原话,如撮其大要、精编原话而叙的,应该有起始标语(类似"某某文献认为"或"某某先生认为"),然后在结尾的地方做出标注符号,指示来源文献。间接引用也被称为释义(paraphrase)[23]。

无论是直接引用、间接引用,引用他人文献都有个"适当引用"的问题。"适当引用"(或"引用适度")是指引用量不能太大,以至于所引用的内容涵盖了来源作品主要部分;或者在引用量上虽未将来源作品的主要部分搬了过来,但引用者的主要观点、论据、图表等实质部分都来自于他人作品,这也超出了适当引用的范围。如果超越了适当引用的界限,即便引用者给出了文献来源的注释,那也要被视为剽窃行为。

9.3.2 引用伦理六要

做到正确地引用,要注意遵守以下引用伦理:

(1) 引用他人学术观点、材料要真实、准确,不能为自己需要随意曲解、改动。贺卫方先生曾说:"无论是作为正面立论的依据,还是作为反面批评的对象,引用都应当尊重被引者的原意,不可曲解引文,移的就矢,以逞己意。当然,从解释学的道理而言,这是不大容易达到的一个目标。""不过,时间也能够带来某种知识的确定性,随着解读者的增多,一些误解逐渐祛除,作者真意终究可以为人们所认知。否则,哲学史或者思想史岂不完全无从写起?况且以尊重作者原意的心态进行引用会带来人们对被引用者的同情理解,减少误读曲解,这也是没有疑问的。"[24]

(2) 引用他人文献要使用原本,原本不可得方可转引。陈澧曾说:"引书必见本书而引之,若未见本书而从他书转引则恐有错误,且贻消于稗贩者矣。或其书难得不能不从他书转引,宜加自注云:'未见此书,此从某书转引',亦笃实之道也。若其书已亡,自当从他书转引,然亦必须注明所出之书也。"[25]历史文献学家刘乃和写过考证《三字经》中梁颢八十二中状元的文章,文中曾通过洪迈《容斋四笔》转引《遁斋闲览》一条资料。文章成后,刘先生拿给老师陈垣看,陈垣告之曰:切不可转引,要找原书。后来刘先生从《说郛》找到《遁斋闲览》查对,遍查全书竟未发现有此材料。此事给她震动极大,知学问之事马虎不得[26]。当然,在查阅不到原始文献的情况下,扫描原始纸质文本生成的电子版文献,以及由学术期刊社提供且被收录到全文数据库中的文献,也可以作为原始文献来使用。

(3) 引用资料要使用权威性的来源媒介及版本。引用古籍要使用权威出版社的点校本,如引用《史记》最好用中华书局标点本的版本,不使用其他出版社的版本以及电子书版本;引用的学术著作如果有作者的修订本,最好引修订本,因为作者在修订本中会修改错误,完善内容;引用翻译过来的外国作品,要使用权威的译者、出版社出版的译本。例如,我们要查考西方学术名著中的资料,则最好使用商务印书馆的《汉译世界学术名著丛书》,该丛书从1982年开始问世,至今已出数百种,网罗了西方古今学术名著,其中不少名著的翻译出自我国著名学者之手,例如郭大力、王亚南译的亚当·斯密的著作,朱光潜译的黑格尔、维柯的著作,周建人译的达尔文的著作,巴金译的克鲁泡特金的著作,高觉敷译的弗洛伊德的著作。这套《汉译世界学术名著丛书》在国内学术界享有很高的声望。

(4) 不能漏引,也不能过度自引、轻易崇引。该引而不引就是漏引。有些作者明明吸收了他人的材料或观点,但是在引用文献中故意不列出,这就有掠人之美甚至是剽窃的嫌疑了。史学家陈垣先生曾感叹过:"我写文章都一一著明出处,有人利用我的注解,却从不提及我。"[27]这种做法不厚道也不道德。陈寅恪先生在自己论著中使用他人提供之资料,率多彰显出处,常以"某某举以见告"为标示。如撰《刘复愚遗文中年月及其不祀祖问题》一文,曾引唐人范摅《云溪友议》一段文字,文中夹注曰:"此条承何格恩先生举以见告者,附注于此,以申谢意。"[28]先贤谦厚之学德当努力效仿。此外,对过度自引也要警惕。过度自引有冀图增加自己作品引用量,获取不当社会评价的嫌疑;要避免轻易崇引,如不切实际需要地引用权威的作品,以抬高自己的"门面"。

(5) 要杜绝伪引出现,包括转引当直引、译著充原著等做法。"伪引"(false citations)在图书情报学界是指在论著引文中列出非相关文献。这种情况发生的概率一般较小。而我在此处使用的"伪引"含义是"虚假引用",即没有真正查阅过某文献但注释或参考文献却标明出于该文献,又可称为"伪注"。例如,贺卫方在其博文中曾指出"近年来一些作者引用译著时喜欢引中文版却标注原文版。边码(边白处标注的原著页码,以便读者核查原文和利用索引)更便利了在注明出处时的作伪。将转引标注为直引,将自译著的引文标注为来自原著,不仅是不诚实的表现,而且也是对被转引作品作者以及译者劳动的不尊重。"[29]

(6) 引用未公开出版的文献必须征得原作者同意,否则会伤及他人隐私或被引文献发表的价值。例如引用未公开出版的学术论文、著作手稿、演讲内容乃至私人通信等,都要事先征得原作者的同意。特别是任意引用他人给你的私人信件内容,这方面的历史教训太惨痛了,如作家舒芜1955年写文章批胡风时引用胡风给其的私信,后来又将胡风给他的全部私信交给某机关单位,为"胡风反党集团"的定性提供了凭据[30]。武汉大学李明杰先生撰写论文《中国古代图书馆学的知识论取向——从文献学路径获得的认知》时,引用了我在2007年7月4日给他电子邮件的一段话,言当下中国图书馆学"冲动性的研究动力更多的是来自于社会外部环境和条件给图书馆学共同体带来的新奇、焦虑与不安,甚至来源于某些研究者意欲'拯救'图书馆学或引导自以为正确潮流的潜在意识。而中国图书馆学如何看待自己的遗传基因,如何继承原有的优良传统,怎样在'存古'的基础上去'开新',以养成具有中国特色的图书馆学,这些问题反倒被人们忽略了。尤其是新世纪以来的图书馆学研究,中国传统图书馆学的学术资源、学术理性和学术规范,已经不再对当今的图书馆学研究发生某些规定、约束、指引的作用了。"[31]发表前曾征求过我的意见。发表时还特别在文中做出了脚注。

9.3.3 引文标注方式

1. 正文中注释文字的标注方式

正确地引注,必须做出规范的标注。本书第三章已经提及,一般情况下我们将引文标注分脚注(即页下注)、夹注(文中注)、尾注(文后注)等。

对正文中某一特定内容进行解释或补充的说明性注释文字,应该在正文中使用脚注或夹注。所谓夹注,就是在正文中需要解释的字词后面加上括号,在括号里写明注文,如下面几条示例:

(1) 注明引文来源：……"木秀于林，风必摧之；堆出于岸，流必湍之；行高于人，众必非之"这段话的出自西晋李康的《运命论》（《文选》卷五十三中有选录）……

(2) 注明文献出版情况：……明代吴讷的《文章辨体序说》和徐师曾的《文体明辨序说》（二书合为一书，人民文学出版社 1962 年版）……

(3) 注明他人姓名原文、生卒年：……英国图书馆学家布拉德福（S. C. Bradford, 1878—1948）根据文献集中与离散规律提出……

(4) 注明文献的简称：……图书馆的机读目录已经联网形成了"联机公共目录查询系统"（Online Public Access Catalogue, OPAC）……

(5) 注明名词的外文表称：……影响因子（impact factor）是在一定时期内期刊论文被引用量与可引用论文总数之比……

但正文中需要解释、说明的文字较长，那么就应该使用脚注，如表9-1 所示：

表 9-1　脚注示例之一

页中正文	……按以往的理解，不识字的文盲很难发现、获取、交流、利用显性知识，因此，获得不了显性知识的文盲就是知识贫困者。但是，国际社会目前还普遍将那些识字但不会正确读、写、算及使用电脑等功能性文盲①也视为一种知识贫困者。……
页下脚注	①"功能性文盲"是联合国教科文组织在 1965 年德黑兰召开的各国教育部长会议上首次提出的，最初的含义是指未能获得读、写、算能力的人，而这些人可能曾经上过学，并取得文凭；而当代意义的"功能性文盲"是指那些受过一定教育，会基本的读、写、算，但却不能识别现代社会符号（即地图、曲线图等），不能使用计算机进行学习、交流和管理，无法利用高科技生活设备（如发送短信）的人。

脚注也多用来列页中正文引用的参考文献。但也有许多学术论文将参考文献用尾注的方式列在文后。

无论哪种文后参考文献的排列方法，都要遵守规范。有的论文参考文献采用了一种奇怪的尾注方法，即在文后先列"注释"篇目，然后再列"参考文献"篇目；"注释"篇目可在正文中找到对应的引用标号，而"参考文献"篇目却在正文中没有对应的引用标号，这简直就是一种"怪胎"，同样也属于论文写作失范的行为。试想，连"外在的"形式规范都不能遵守的人，我们还能指望他遵守研究、写作上"隐含的"内容规范吗？或许有的写作者是"无知"之错，先前未接受规范的培训。由此也可见，在学习阶段经过系统科研能力训练是十分重要的。

欧美国家有关引用标注的手册、指南之类的书籍很多，我国则主要有国家标准《文后参考文献著录规则》等。《文后参考文献著录规则》（GB/T7714-1987）从 1987 年开始正式实施，2005 年经修订出了新的《文后参考文献著录规则》（GB/T7714-

2005),2015年再重新修订,更名为《信息与文献 参考文献著录规则》(GB/T7714-2015)。后者是目前应该依照的权威规则。

2. 正文中引用序号的标注方式

正文中引用文献的标注序号一般用上标(①、②-⑤、③⑤等,通常用于脚注)或([1]、[2-4]、[2][5][7]等,通常用于尾注)来表示。正文使用哪种序号,文后参考文献就应使用哪种序号。正文引用文献序号的标注方法一般如表9-2所示:

表9-2 正文中的序号标示方法

类型	正确标示	错误标示
序号与标点的位置	……解放旨趣[4]。 ……及手段的总和。"[2]	……解放旨趣。[4] ……及手段的总和"[2]。
序号在句中的位置	黄宗忠先生[15]认为……	黄宗忠先生认为[15]……
多序号的排列方法	……据相关文献[2,7,9]介绍 ……据相关文献[2~4]介绍	……据相关文献[2][7][9]介绍 ……据相关文献[2,3,4]介绍
序号的字符大小	……见文献[2],	……见文献[2],
同书不同页码的表示	……考古学两把尺子[11]214。 ……遗存的基本信息。"[11]224	……考古学两把尺子[11]。 ……遗存的基本信息。"[12]

9.4 如何做好知情同意

知情同意较早产生于医学领域并在医疗实践中有着广泛的应用[32]。作为一种学术研究伦理,学术界对此十分重视,如国外大学或研究机构会设立伦理审查委员会(institutional review board,IRB)以对研究项目进行伦理方面的审查,保障参与研究项目的被调查或被实验的人免于危险与伤害,或者杜绝项目研究中可能出现的虚假、欺骗事件。研究伦理涉及的主要领域可以由以下几个关键词来表示:伤害、同意、欺骗、隐私、保密[33],故研究者在从事社会调查或试验项目前做好"知情同意"工作,是遵守研究伦理乃至学术规范的必要前提。

9.4.1 知情同意的含义

知情同意(informed consent,港台地区多译为"知会同意")是在被告知相关情况后自愿同意参与或接受的表示。研究者在进行问卷调查时,通常可在"导语"部分做出知情同意的提示,但在进行一个项目试验的时候,则应提前拟出一份知情同意书,并提交伦理审查委员会(或具有相当功能的学术组织)进行认可。知情同意书,至少要包含以下内容:研究目的、选择不参与的权利、参与过程需要消耗的时间、潜在的危险、潜在的利益、可供选择的参与、保密声明、项目组织的相关信息[34]。

9.4.2 做好知情同意的范例

针对弱势群体所作的研究，应特别注意做好知情同意工作。如研究儿童的阅读、认知等课题，就要考虑到儿童身心发展的未成熟性，做好知情同意。国外有一项针对7～12岁儿童的研究项目《广告对选择玩具的影响》，其所做出的一份儿童参与同意书样本可为我们参考与借鉴，如表9-3所示：

表9-3 儿童参与同意书样本

研究题目：广告对选择玩具的影响

威廉姆斯博士正在做一项研究，来查明你在电视上看到的广告是否对你想要什么样的玩具作为礼物有影响。如果你决定参加这项研究，你将面临如下情况：

1、威廉姆斯博士将向你展示多种多样的玩具广告。

2、然后在你面前放置各种玩具，并允许你玩上5分钟。

3、然后威廉姆斯博士会问你，哪一种玩具你最喜欢并想作为你下个生日的礼物。

有时，参与这项研究的儿童可能有如下感受：

- 他们不喜欢任何玩具并感觉很糟，因为他们认为他们讨厌这些玩具。
- 他们不喜欢任何广告。
- 他们感觉糟糕是因为他们想要他们目前所玩耍的玩具。

如果你不想——你也不必非得——参加此项研究。没有人会失望。如果你参加，任何时候想退出都可以。

对于你不明白的任何事情，请询问威廉姆斯博士或他的助手；或者当你有任何问题或担忧，请让我们知道。请在以下"是"或者"不是"前的方框里打对勾，让我们知道你是否参加。

□是，我想参加此项研究；

□不是，我不想参加。

请在下面填写你的名字：_____

日期：_____

样本来源：[美]尼尔·J.萨尔金德.社会科学研究方法100问[M].赵文,李超,译.北京：北京大学出版社,2014.49-50.

知情同意的伦理原则同样适合人物访谈的研究。研究者在进行具体的访谈前，一定要获得被访谈者的知情同意，并签署知情同意书（或相关协议书）。撰写访谈知情同意书应该包括以下主要内容：访谈的内容和要求、可能的风险、被访者权利、可能的利益、访谈记录的保密性、结果的发布、针对未成年人的特定约束条件、访谈者联系方式及该知情同意书副本。

如在2013年6月,我们在做图书馆学教育家关懿娴先生[①]的访谈时,就提前与关懿娴先生签署了如下协议书,如表9-4所示:

表9-4 口述历史采访协议书样本

```
                    口述历史采访协议
甲方:《口述历史:北大记忆》课题组
乙方:
经平等协商,甲、乙双方就以乙方成长经历和学术贡献为主题的口述历史采访达成如下
协议:
1、甲方负责录音、录像,整理乙方口述内容,并对所形成的口述资料尽妥善保管义务。
2、甲方将口述内容编辑成音像制品或整理成文稿后,需送乙方审核。
3、乙方对口述内容造成的法律问题负责。
4、甲方享有本次口述采访的录音、录像及文字稿和其他衍生产品的著作权。
5、乙方对口述资料及衍生产品享有优先使用权。并对口述资料的使用设置限制条款。
(如:封存一段时间、隐匿被访者姓名等,可以在补充条款中声明。)
6、补充条款:_____
_____
7、本协议一式两份,甲乙双方各执一份。

甲方:(经办人签字)          乙方:(受访者签字)

日期:                      日期:
```

这份协议书具有知情同意的性质,尽管有些表述还不太严谨、完善,但这是开展一项口述历史采访工作的必要条件,是不能忽略的。

参考文献

[1] 梁启超.作文教学法[M]//饮冰室合集:专集之七十.北京:中华书局,1989:第9册,3.

[①] 关懿娴(1918—,女)广东省南海县九江镇人,毕业于西南联大外文系(1939—1943),后留学美国密歇根大学研究生院英文系(1948—1949)、英国伦敦西北理工学院图书馆学系(1952—1954)。先后在纽约联合国总部中文科、香港大学图书馆等机构任过职。1956年在北京大学图书馆学系(现信息管理系)任教,曾任北京大学图书馆学系副系主任、中国图书馆学会常务理事、学术委员会副主任、中国科学院图书馆学术委员、教育部文科教材编审组(图书馆学)组长等职,还担任过国际图联图书馆学院组常务委员会通信委员。

[2] [法]爱弥尔·涂尔干.职业伦理与公民道德[M].渠东,付德根,译.上海:上海人民出版社,2001:27,10,16.

[3] [清]永瑢,等.四库全书总目[M].影印浙本.北京:中华书局,1965:上册,375.

[4] 同[3],下册,1141.

[5] 张玲.知识经济与21世纪的图书馆[J].津图学刊,1999(2):8-13.

[6] 郑君兰,霍国庆,韩起来.知识经济与21世纪的图书馆[J].图书馆学刊,1999(1):9-12.

[7] 张彩虹,田建良,王小科.图书馆知识组织问题[J].图书馆杂志,2001(5):6-8.

[8] [美]艾尔·巴比.社会研究方法[M].邱泽奇,译.10版.北京:华夏出版社,2005:479-480.

[9] 刘大生.剽窃、抄袭、不规范引用的区别[J].社会科学论坛,2010(17):95-97.

[10] 第欧根尼·拉尔修.名哲言行录[M].徐开来,浦林,译.桂林:广西师范大学出版社,2010:379-380.

[11] [清]陈澧.引书法[M]//陈澧,著.黄国声,主编.陈澧集.上海:上海古籍出版社,2008:第6册,232-233.

[12] 黄侃,黄焯.蕲春黄氏文存[M].武汉:武汉大学出版社,1993:220.

[13] 中华人民共和国著作权法(第二次修正)[J].中华人民共和国最高人民检察院公报,2010(4):1-9.

[14] 同[13].

[15] 教育部科学技术委员会学风建设委员会.高等学校科学技术学术规范指南[M].北京:中国人民大学出版社,2010:47-49.

[16] 同[15].

[17] 吴宓.读散原精舍诗笔记[M]//袁行霈,主编.国学研究:第一卷.北京:北京大学出版社,1993:545-551.

[18] 石泉,李涵.追忆先师寅恪先生[M]//纪念陈寅恪教授国际学术讨论会文集.广州:中山大学出版社,1989:55-64.

[19] 侯仁之.我从燕京大学来[M].北京:生活·读书·新知三联书店,2009:30-34.

[20] [清]顾炎武.日知录集释:卷十九·书不当两序[M].黄汝成,集释.长沙:岳麓书社,1994:690.

[21] 刘宝瑞,秦亚欧,朱成涛.民国图书馆学文献学著译序跋辑要[M].北京:

国家图书馆出版社,2012.12.
[22] [美]高奇.科学方法实践[M].王义豹,译.北京：清华大学出版社, 2005：329.
[23] 同[15],26.
[24] 贺卫方.学术引用伦理十诫[EB/OL].贺卫方的博唠阁,(2010-08-14)[2010-12-26].http：//blog.sina.com.cn/s/blog-4886632001017bd.html.
[25] 同[11].
[26] 刘乃和."书屋而今号励耘"：学习陈援庵老师的刻苦治学精神[M]//励耘书屋问学记：史学家陈垣的治学.北京：生活·读书·新知三联书店, 1982：133-154.
[27] 罗贤佑.严师的教诲[M]//中国社会科学院老专家协会,编.学问人生：中国社会科学院名家谈.北京：高等教育出版社,2007：上册,215-225.
[28] 陈寅恪.金明馆丛稿初编[M].上海：上海古籍出版社,1980：324-325.
[29] 同[24].
[30] 冯异.舒芜的"交代"[M]//陈思和,王德威,主编.史料与阐释：贰零壹壹卷合订本.上海：复旦大学出版社,2013：281-284.
[31] 李明杰.中国古代图书馆学的知识论取向：从文献学路径获得的认知[J].中国图书馆学报,2010(1)：27-34.
[32] 刘月树.知情同意原则的起源与发展[J].医学与哲学,2012,33(5A)：17-19.
[33] [英]格里斯.研究方法的第一本书[M].孙冰洁,王亮,译.大连：东北财经大学出版社,2011：137.
[34] [美]尼尔·J.萨尔金德.社会科学研究方法100问[M].赵文,李超.译.北京：北京大学出版社,2014：46-47.

第十章　治学的几种基本态度

10.1　严谨求实的学风态度

提倡严谨求实的学风,已经使人常听耳厌。如何做到治学的严实,此处不讲大道理,只是想说:从细节可以一窥学者的治学是否严谨求实。试举以下几个小的方面予以说明。

10.1.1　使用名词术语要严谨

写作中遇到翻译的人名、单位、地名等专有名词有异称时,一定要遵循权威、客观、依循惯例的原则。

1. 一个外国学者有两个中文译名

如最早提出"图书馆学"(bibliothek wissenschaft)概念的德国图书馆学家 M. W. Schrettinger(1772—1851)有"施雷廷格"、"施莱廷格"两个译名,我建议使用施雷廷格,因为《中国大百科全书》中的《图书馆学·情报学·档案学》卷用的是施雷廷格。再如,英国古典政治经济学家 David Ricardo(1772—1823)有"李嘉图"、"理查多"两个译名,按惯例我们应以通行者为主,使用李嘉图。有时后译者嫌前人翻译不准,矜言厘正,舍通用名而另出新译名,如法国著名的社会学家 Emile Durkheim(1858—1917),过去通常译为"涂尔干",现在有人翻译为"迪尔凯姆"、"杜尔克姆",徒乱人意,实不可取。须知人名、地名翻译有"约定俗成",如果不守这个传统,那么大侦探福尔摩斯(Holmes)就应译成"霍尔姆斯",绿林英雄罗宾汉(Robin Hood)就得改为"罗宾·胡德"了①。

2. 一个地名有两个称谓

如北京、北平,1928 年北伐战争后国民政府南迁,6 月 20 日南京国民党中央政治会议决议北京改北平,1949 年 9 月 27 日中国人民政治协商会议议决改北平为北京。所以,我们在写作时,什么时间段里用北京,什么时间段里用北平,这都要讲究,不可混淆。再如韩国的首都,我们以前称作"汉城",我国文献中,这个称谓从明清以来就有了。但韩国从 1946 年以来确定其为"Seoul"(罗马字母音"瑟乌尔",意为"京师"、

---

① 林纾译 Holmes 为"福尔摩斯",林为福建人,辅音 f 在福建方言中读 h,即"福"读作"霍";译 Robin Hood 为"罗宾汉",出于上海(或吴地)翻译家的创造,因为"汉"字沪音接近 hoo(屠岸.译事四则[N].文汇报,2014-02-18(11).)。

"首都")。1992年中韩建交后,韩方一直致力于推动中方放弃"汉城"名的使用。2005年以后,中国接受这个韩国的方案叫"首尔"。故现称是经过两国正式认可的,所以我们要遵循权威原则,不能再称之为"汉城"[1]。

3. 一个单位有多个名称

如现今国家图书馆是1909年9月清政府准学部之奏而批准设立的,当时称"京师图书馆",1912年8月27日正式开馆接待读者,馆舍设在北京广化寺。1926年10月更名为"国立京师图书馆",1928年7月再更名为"国立北平图书馆",1949年10月改名为"北京图书馆"。1998年12月12日经国务院批准,北京图书馆更名为"国家图书馆",对外称"中国国家图书馆"(National Library of China)[2]。我们写图书馆史文章,要了解这些过程,提及不同历史时期的国家图书馆时,以称呼当时的名称为宜。

还有,我们论文中第一次提及外国学者姓名时,一定要有中文译名,后面所带括号里填写原文姓名以及生卒年。如"博尔赫斯(J. L. Borges,1899—1986)"、"哈贝马斯(Jürgen Habermas,1929—)"等。你实在查不到外国学者的生卒年,那你在引用他的文献时,至少也要将其外文姓名列到后面的括号里,前面加上国别等信息,如"美国学者瑞蒙德(B. Raymond)"等。

10.1.2 不能望文生义,否则会成"硬伤"

读书治学,要时时留有疑心,不能轻易下笔。有的时候,你自然而然认定的某语词含义,也许一说出来就是错的。例如超星公司做的著名中国学者口述史视频文献库《超星名师讲坛》,里面有2008年11月制作的《超星名师讲坛·余英时(一)》。余英时先生在其中讲述了求学与治学的艰难经历,追忆了诸多影响其成长的学术大家,言1949年他在燕京大学求学半年中,随聂崇岐、翁独健、齐思和先生亲承謦欬,后到香港、美国,又受钱穆、唐君毅、杨联陞、洪煨莲等耳提面命,当然还提到了对"史学二陈"陈寅恪、陈垣的景仰。这个片子有字幕,余先生提到这些学术大家时,字幕上出现的名字都正确,但余先生讲某事顺带提及我国台湾学者严耕望时,字幕打出来的竟是"闫根旺",令人吃惊。严耕望在史学界,在我国台湾学术界是位治学严谨、声望很高的人物,是有知名度的。还有余英时先生说做学问不能"深固避拒",排斥他人,而字幕出来则是"生故避拒"。这种硬伤不该出现。

1995年,湖北辞书出版社出过一本《闲书四种》(宋凝编注),收明人冒襄《影梅庵忆语》、清人沈复《浮生六记》、陈裴之《香畹楼忆语》、蒋坦《秋灯琐记》,有注释有白话译文。但由于译注者不谨慎,望文生义地解释古文,错误不少。如《秋灯琐记》记载蒋坦的夫人秋芙多才多艺,云:"秋芙以金盆捣戎葵叶汁,杂于云母之粉,用纸拖染,其色蔚绿,虽澄心之制,无以过之。"此句中"澄心",指的是南唐时期有名的澄心堂纸,这种纸洁白如玉,细薄光润,冠于一时,深受李后主的喜爱。译者不知,将"虽澄心之制,无以过之"翻译为"外人就是精心制作,也没有能比得上她的。"[3]法国汉学家艾田蒲(René Etiemble,1909—2002)的名著《中国之欧洲》,2008 年由广西师范大学出版社出版,上卷"前言"第 25 页第 2 行译文言"多亏了钱学森,我得知了最早发明活字的是毕昇(990—1051?)"[4],但原文中的人名是"Tsien Tsuen-Hsuin",正确翻译应该是中国纸和印刷术的研究专家"钱存训",而非著名物理学家"钱学森"[5]。这种想当然的翻译,通常会给译者学养打折扣。

10.1.3 要在不疑处生疑

语言学家吕叔湘先生曾写过《整理古籍的第一关》[6]的文章,批评新整理出版的某些古籍在标点上的错误。文中引用了唐人李济翁《资暇集》中的一句话:"学识何如观点书"。吕先生将"点书"作为句读或标点来理解的。然而不久,河南师范大学中文系教师吕友仁写了一篇小文,认为李济翁的所谓"点书"系指音训而言,意思是在一个字的某个角上用红笔加个点,以表示该字的正确读音。"点书"在唐朝是一种标音手段,与"句读"无关。起初,吕友仁作为晚辈,不敢直接将文章寄给吕叔湘先生,而是先寄给傅璇琮先生,傅先生又转给了吕叔湘先生。后来吕叔湘先生推荐吕友仁文章《"学识何如观点书"辨》发表在《中国语文》1989 年 4 期上,还专门写了"附记",言"早些时在傅璇琮同志处看到这篇文稿,很高兴有人指出我引书不加审核,因而误解文义。当初我确是看见别人文章里引用《资暇集》和《日知录》,没有去核对原书就引用了。这种粗疏的学风应该得到纠正。"[7]这个案例是傅璇琮先生讲到的[8],读毕使人深感"不疑处生疑"的重要,也感叹吕叔湘学术态度的谦卑与胸怀的坦荡。

养成不疑处生疑习惯可避免出现某些低级错误。如 2009 年"4·23"世界读书日期间,中国国际广播电台提出采访我,要做一期《CRI 会客厅》节目专门谈图书馆,谈阅读,其中要我对云南和顺图书馆收费参观行为提出一些看法。在头天晚上做准备时,我查阅了寸馥清、寸仲猷等捐资建馆的历史情节。临睡觉前,忽然想到"寸"是个罕见的小姓,作为姓氏其发音是否还念"cùn"? 一查字典,结果是念"cuàn"。当时就出了一身冷汗,感到十分幸运。

当然我也有出丑的时候。图书馆学前辈孟广均先生曾将一篇专业刊物采访他的文章初稿给我看,请提意见。采访录中说他小时候,父亲让他读纪念张自忠将军的自忠小学和自忠中学,自忠小学、中学是"佩剑将军"们 1943 至 1948 年在河南创办和维持的学校。学校只存在了五年,但六十多年后的今天,约 400 名进入耄耋之年的师生仍然以刊物《"自中人"在各地》维系着、凝聚着纯真的友情。我觉得刊物名称里"自中人"可能是笔误,应为"自忠人",于是顺手就改了,并做出了标记。没想第二天孟先生回邮件说:"'自中人'无误,你不知道才做了修改"。看来,不仅要学会不疑处生疑,还要学会有疑处慎断,否则会出差误。尤其是涉及人名、地名、专名、专业术语时,更要查阅核实,不能遽然下笔。

10.2 扎硬寨、打死仗的苦功态度

10.2.1 "上穷碧落下黄泉,动手动脚找东西"

清代学者章学诚说过,古人做学问有两种路子,一是"独断之学"(用现代语言说即以演绎法见长),一是"考索之功"(用现代语言说即以归纳法见长)。所谓"高明者多独断之学,沉潜者尚考索之功,天下之学术,不能不具此二途。"[9]史学"二陈"中,陈寅恪的学问接近独断之学,陈垣的学问接近考索之功。但是,无论独断之学,还是考索之功,都离不开对研究资料的依赖与大量占有。1928年5月,傅斯年在《历史语言研究所工作之旨趣》一文中倡导史学研究者"上穷碧落下黄泉,动手动脚找东西"[10],强调史学便是史料学。他的意思是,做学问就是要一分材料说一分话,没有材料不说话;要根据材料说话,就得占有大量、充分的材料或证据;要占有大量、充分的材料或证据,就要下死工夫去搜集资料,上穷碧落下黄泉。

著名古典小说戏曲研究大家孙楷第(1898—1986,字子书)先生,1931年入北平图书馆工作,任过编纂委员、写经组组长。他当时为研究古代通俗小说,遍访北平公私所藏善本小说,如北平图书馆、孔德学校图书馆、北京大学图书馆、马廉(隅卿)与郑振铎(西谛)的藏书、厂肆书铺等,抄写、编录古代小说目录。1931年9月还曾东渡日本访书,回国时顺访大连图书馆。及至1933年,他先后撰写出了《日本东京所见小说书目》六卷、《大连图书馆所见小说书目》一卷、《中国通俗小说书目》十卷等,这三种书目成为中国小说目录学的开山之作。胡适在《日本东京所见小说书目》序言里说孙楷第,"他的成绩之大,都由于他的方法之细密。他的方法,无他巧妙,只是用目录之学作基础而已。""孙先生本意不过是要编一部小说书目,而结果却是建立了科学的小说史学,而他自己也因此成为中国研究小说史的专门学者。"[11]

2011年暑假,我写了一篇《从图书馆员到"活字典":记张政烺先生》[12]的文章,这是我近年阅读有关张政烺的文献,感觉资料已经基本齐备的情况下集中十几天完成的。发表后,我又在《吴晓铃集》中发现了有关张政烺的资料,如1939年夏吴晓铃在西南联大做教师时期,曾为了准备讲授《杂剧与传奇》课程,而专门住到史语所所在的龙泉镇龙头村,天天到附近宝台山史语所图书馆去查找古代戏曲资料,他在1939年9月5日的日记里写到:第一天到图书馆"晤学友张苑峰君,伊在历史

组工作,以精版本目录之学,遂兼理图书事,友辈皆戏以'馆长'呼之。苑峰知余嗜曲,遂检出数秩嘱余观之。计:明张栩辑《彩笔情词》六卷,明天启间刊本。"[13]当时他与张政烺接触颇密,又因都是北大前后脚毕业的校友(张政烺 1936 年历史系毕业,吴晓铃 1937 年中文系毕业),关系也很融洽,见到过张政烺与那廉君亲到南浔抄录回来的《嘉业堂书目》(别为正编、补编、善本、抄本四种)[14],听到张政烺自封为"管理员"[15]等。这些史料如果在我写论文之前见到,并能用在文章里,那就会使文章更加充实了。这个遗憾说明了资料搜集充沛的价值与意义,也证明"上穷碧落下黄泉,动手动脚找东西"是多么的重要!

10.2.2 "每下一义,泰山不移"

梁启超在《清代学术概论》中说:"凡立一义,必凭证据;无证据而以臆度者,在所必摈。"[16]可是,在我们图书馆学论文中,经常可以见到轻率的论断。如有作者论述中国古代藏书事业历史悠久,言"远在周朝,我国就有藏书工作的记载。据《史记·老子韩非列传》记载,老子曾为'守藏室之史'。说明远在周朝,就有专门的藏书机构——'藏室'和专门管理藏书的'史官'。"[17]《史记》是汉代的文献,《史记》的记载不能算作周朝的文献记载。另外,周朝的藏书机构是否叫"藏室"? 这都要有充分的证据才能下断语。《左传》僖公二十四年记载:"晋侯之竖头须,守藏者也。其出也,窃藏以逃,尽用以求纳。"[18]吕思勉先生据此认为:"老子为之史之守藏室,盖亦如是,乃藏财贿之地也。"[19]吕先生产生这种怀疑,从反面说明藏书机构叫"藏室"或"守藏室"是孤证,难为定说。《庄子·天道》篇称:"孔子西藏书于周室,子路谋曰:'由闻周之征藏史有老聃者,免而归居,夫子欲藏书,则试往因焉。'孔子曰:'善'。"[20]老子掌管过图书应该能成立,但是藏书之所叫什么,需要有多种来源证据证实方能成立。

中国古代藏书历史悠久,无论官方、民间、宗教领域,都有绵延不绝的藏书历史记载。有图书馆学研究者认为,中国古代藏书处所(如称为某阁、某馆、某堂、某楼等)有具体名称,而作为统称的"藏书楼"这一特定名称是唐宋之际才见于记载,并于明清之际开始普遍在社会上盛行的[21]。还有学者认为"藏书楼"在晚清才开始广泛使用,完全是一个近代的名词,是西学东渐的产物,它不能作为古代图书馆的统称来使用,最早使用这个概念的是上海徐家汇天主堂藏书楼[22]。然而福建师范大学图书馆学专业的江向东教授对泛称概念"藏书楼"晚出的说辞有疑,经过认真考证,提出宋代就已经有藏书家使用"藏书楼"名称,"藏书楼"在南宋时期已经是各类藏书机构的一个统称了。如南宋的曹勋《松隐文集》卷十七有《观月藏书楼》诗;刘学箕《方是闲居士小稿》中言自己"近筑小楼,藏书楼之下建堂,名曰'养浩'";陈耆卿《赤城志》载台州临海县兴国乡所辖之里"庆善旧名迎恩,因陈贻范有藏书楼曰庆善……故改今名";真德秀《西山文集》卷二十五《铅山县修学记》中提到"缮藏书楼";应节严撰有《扬州州学藏书楼记》一文等[23]。显然,这些文献记载否定了统称"藏书楼"晚出之说。

1986年2月,熟悉古籍版本的沈津先生在美国纽约州立大学石溪校区做图书馆学研究。据1986年6月13日香港《中报》上的一篇《中国大批珍本古书流散美国》访谈文章报道,沈津借石溪校区研习之际,走访了哈佛燕京图书馆、耶鲁大学图书馆、哥伦比亚大学图书馆及美国国会图书馆,在这些大图书馆中,他发现不少珍善本中文古籍。有些流散在外的珍善本书尚未被编目,其中不乏国内罕见之书本。报道文章言沈津举例说,"他看到《红白花记》和《倡善感义录》两本明朝的抄本小说,而中国大陆小说史专家却从未提及明代曾存在这两部书。"[24]这篇报道由国内《参考消息》转载后,被古代小说戏曲史专家吴晓铃先生看到,他对沈津遍访异域中国善本的努力给予肯定的同时,也提出了批评:"这个论断的做出,未免涉嫌孟浪!第一是论断没有根据,仅凭想当然便肯定是明代小说,无足以服人。第二是说'中国大陆治小说史的专家却从未提及明代曾存在这两部书'则未免'横扫'了许多学者,枉冤了他们,而且他们也不会服气。事实上,这两部小说不单不是明朝的抄本,而且也不是我国的作品。它是朝鲜作家用汉语模拟我国传统形式的章回体白话小说,而且颇有'借古讽今'和'假外刺内'的创作意图,虚构我国明代故事,用来针砭李朝现实生活。……专治我国小说的学者'从未提及'的原因则是容易理解的。"[25]这一事例说明,做学术判断既要审慎也要客观。当然做到这一点也是有难度的,学养深厚者也难免有误,但我们不能没有这样的追求。

说有易,言无难。以前要想搞清楚"藏书楼"这个名词到底起源于什么时代,在古文献里大海捞针是有些困难。但是现在各种古籍全文数据库越来越多,基本上经史子集的常见经典都可以通过全文数据库进行名词检索了。这就给确定"藏书楼"这个名词确切出现的时代带来了可能性。但是,无论在什么时代,我们要下一个学术论断,一定要慎之又慎,有充足的证据方可。

10.3 为学术而学术的追求真理态度

10.3.1 坚持独立精神、自由思想

坚持独立精神、自由思想才能真正为学。这一点史学家陈寅恪讲得十分透彻。1929年他在《清华大学王观堂先生纪念碑铭》中曾写道:"士之读书治学,盖将以脱心志于俗谛之桎梏,真理因得以发扬。思想而不自由,毋宁死耳。斯古今仁圣所同殉之精义,夫岂庸鄙之敢望。先生以一死见其独立自由之意志,非所论于一人之恩

怨,一姓之兴亡。……来世不可知者也,先生之著述,或有时而不章。先生之学说,或有时而可商。惟此独立之精神,自由之思想,历千万祀,与天壤而同久,共三光而永光。"[26]

坚持独立精神、自由思想,须克服观念偏好(preferences over beliefs)。17世纪英国哲学家和教育思想家约翰·洛克(John Lock,1632—1704)在其《人类理解论》中指出:"真正的真理之爱,有一种无误的标记,就是,他对于一个命题所发生的信仰,只以那个命题所依据的各种证明所保证的程度为限,并不超过这个限度。不论谁,只要一超过这个同意底限度,则他之接受真理,并非由爱而接受,他并非为真理而爱真理,他是为着别的副目的的。因为一个人所以确知一个命题是真实的,只是由于他对它有所证明(除了自明的命题),因此,他对那个命题所有的同意程度,如果超过那种确知的程度,则他底过分的信仰,一定在于别的情感,而非由于他底真理之爱。"[27]

1959年英国BBC记者采访20世纪伟大哲学家罗素(Bertrand Russell,1872—1970),采访进行到最后,记者问道:"罗素勋爵,假如这段录像,将被我们的后人看到,如同死海古卷一般,在一千年后被人看见。您觉得有什么该对他们那一代人说的呢?有关您的一生,以及一生的感悟。"罗素回答:"我想要说两点,其一关乎智慧,其二关乎道德。有关智慧,我想对他们说的是:不管你是在研究什么事物,还是在思考任何观点,只问你自己,事实是什么,以及这些事实所证实的真理是什么。永远不要让自己被自己所更愿意相信的、或者认为人们相信了、会对社会更加有益的东西所影响。只是单单地去审视,什么才是事实。这是我想说,关乎智慧的一点……"[28]

洛克与罗素的话都涉及了坚持独立精神、自由思想的原则与方法。其实做到这一点是很不容易的。在现实中,学者们因受到生存条件的限制,如来源于经济的、职业的、社会地位的各种约束因素等,人们很难脱离功利影响去坚持独立精神、自由思想。特别是因某种经历或积习,一个人已经形成了自己的世界观、思想立场的情况下,保持学术的独立自由,坚守学术的客观性则尤为不易。但是,不能完全摆脱个人功利、摆脱派别偏见而进入纯粹精神领域里的学者,就不可能获得真正独立的人格,也不可能创作出真正的学术成果,尽管有时要付出很大的代价。因为,"在我们这个讲究物质享受的时代,唯有那些具有深挚宗教感情的人才是认真探索的人。"[29]

10.3.2 不随时俗而转移

一时代有一时代学风。清代学者崔述(1739—1816,号东壁)曾说:"古今之读书者不乏人矣,其事帖括以求富贵者无论已。聪明之士,意气高迈,然亦率随时俗为转移。重辞赋则五字诗成,数茎须断;贵宏博则雪儿银笔,悦服缔交。盖时之所尚,能之则可以见重于人,是以蔽精劳神而不辞也。重实学者惟有宋诸儒,然多研究性理以为道学,求其考核古今者不能十之二三。降及有明,其学益杂,甚至立言必出入于禅门,架上必杂置以佛书,乃为高雅绝俗;至于唐虞三代孔门之事,虽沿讹踵谬,无有笑其孤陋者。人之读书,为人而已,亦谁肯蔽精劳神,矻矻穷年,为无用之学者?况论高人骇,语奇世怪,反以此招笑谤者有之矣。非天下之至愚,其孰肯为之?"[30]

熊十力先生(1885—1968)在民国二十四年(1935年)说过:"吾国学人总好追逐风气,一时之所尚则群起而趋其途,如海上逐臭之夫,莫名所以。曾无一刹那,风气或变,而逐臭者复故。此等逐臭之习,有两大病:一、各人无牢固与永久不改之业,遇事无从深入,徒养成浮动性。二、大家共趋于世所矜尚之一途,则其余千途万辄一切废弃,无人过问。此二大病都是中国学人死症。"[31]读书治学顺风随世,还不算有害,如果弃方逐圆,阉然媚世,那就有大害了。汉代大儒董仲舒《士不遇赋》有言:"孰若返身于素业兮,莫随世而转轮。"[32],钱锺书先生释此处"转轮"是喻"圆滑",曰:"巧宦曲学,媚世苟合;事不究是非,从之若流,言无论当否,应之如响;阿旨取容,希风承窾,此董仲舒赋所斥'随世而转轮'也。以转为用,必以圆为体,惟圆斯转矣。"[33]

不随时俗而转移,就要顶住各种诱惑,就要学范文澜先生所倡导的"二冷"决心,即"坐冷板凳"、"吃冷猪肉"(指古代高德者死后可以入孔庙,坐于两庑之下,分些冷猪肉吃)[34]。只有这样,所出学术成果才不是速朽的。追求学术的人,除了要有甘受世间冷落寂寞而沛然自足于中的生趣之外,还应该有历史感,既生活在现实中,也生活在历史中。傅璇琮先生为《中国古代文体形态研究》所作序时说到:"我总是以为,一个学者的生活意义,就在于他在学术行列中为时间所认定的位置,而不在乎一时的社会名声或过眼烟云的房产金钱。"[35]

10.3.3 警惕"官学"的侵蚀

"官学"并非时下用语,1933年周作人就曾讲过:"民俗学原是田间的学问,想靠官学来支持是不成的……"[36]我所谓的"官学",一方面指被官方认可的处于主流学术地位的学术思想或学术形式,它们通常主导着学术话语权或价值判断,另一方面也指服务于当下社会意识形态或政治正确的学术创造与学术活动,它既可以是著述,也可以是会议、论坛等形式。

1. 官学的形式之一:官方认可的学术

不能轻易否认官学的价值,因为学术传承的主渠道是官学承担的。中国古代的儒家经典、正史(二十四史)等由于受历代统治阶层的推崇,一直居于传统学术的最高地位，其文本内容通常是轻易不可置疑的，学者治学只能是为这些经典做注解，即便有自己不同看法，也只能在注解文字里给予阐述。古人讲"述而不作"，众多经典的传注文字也是承前贤而继之。注解学泛滥、流行，积极的作用是有助于远古文献的读懂、理解，从而维系传统学术命脉不至于中断；消极的作用是将官学定位一尊，所谓"经禀圣裁，垂型万世"，遏制了民间学术的发展，使学术发展丧失了活力。因为，学术一旦与政治联姻便转化为官学，学者想要怀疑、抵制，那就要承担极高的政治风险了。

例如清朝乾隆年间官修《四库全书总目提要》，四库馆臣仰帝王鼻息，明知《相台书塾刊正九经三传沿革例》不是南宋岳飞之孙岳珂所刻印，但碍于乾隆上谕曾称相台书塾为岳珂的颜面，不能改变成说，仍按照世传说法定为南宋岳飞之孙岳珂所刻①。张政烺先生言："此种官僚习气在《四库总目》中往往见之。""自来帝王吐词为宪，苟与真理相违，亦鲜有不失败者矣。"[37]他对"官学"之痛贬，淋漓畅快。王国维说过："学术之发达，存于其独立而已。然则吾国今日之学术界，一面当破中外之见，而一面毋以为政论之手段，则庶几可有发达之日欤！"[38]

官学的另一价值是，某种学术一经官方认可，或转化为官方的学术话语、价值判断，就会加速发展、壮大，取得可观的成果。叶德辉尝说同为校雠之学，古代却有目录学、版本学两学派，"大约官家之书，自《崇文总目》以下，至乾隆所修《四库全书总目提要》，是为目录之学；私家之藏，自宋尤袤遂初堂、明毛晋汲古阁及康、雍、乾、嘉以来各藏书家，斤斤于宋元本旧钞，是为板本之学。"[39]在叶氏看来，目录之学作为官学在过去一直占据着主导、正统的地位。而正由于官方支持，目录学才发扬光大起来。

总结新中国成立以来六十年的历史，我们发现图书馆学成果中荦荦大者，也无不是国家领导、规划的产物，官学的色彩极为浓厚。如五六十年代图书馆联合目录的批量出现、八十年代诸多文献工作国家标准、《中国古籍善本书目》的问世，九十年代各类型文献资源数据库的建设，新世纪以来大型数字图书馆工程项目的推进，这些都是官学甚至就是官方政策的产物。所以，不能完全反对官学价值，甚至应该鼓励私学通过某种渠道转化为官学。只是我想强调，学术研究完全由官方主导以及官学扩张的弊端是容易使学术研究程式化并伤及创新活力。因为真正的知识分子本质上自我放逐、自由漂浮的，只有他们才能抓住时代精神[40]。因此，我们应时

---

① 《相台书塾刊正九经三传沿革例》是依据廖莹中世綵堂所刻《九经》中《九经总例》翻刻、增补而成。廖莹中刻印《九经》约在南宋咸淳(1265-1274)年中，岳珂则生于淳熙十年(1183)，嘉熙四年(1240)已58岁，离卒年不远，不可能见到后来廖氏世綵堂所刻《九经总例》。张政烺先生专门写过《读〈相台书塾刊正九经三传沿革例〉》(1943年)一文考证此事，言刊刻者岳氏为元大德末年宜兴荆溪的岳浚(字仲远)。四库馆臣都是大学者，也知道廖莹中世綵堂本是岳氏翻刻的底本，但碍于乾隆上谕曾称相台书塾为岳珂的颜面，不能改变成说，只得再往前追溯，将廖莹中的世綵堂刻书说成是其先人廖刚的世綵堂刻书，以圆其说。

刻警惕官学的过度扩张,警惕官学大面积侵蚀学术场域。

2. 官学的形式之二:服务于官方意志的学术

完全屈从于官方意志的官学是我们应该抵制的。其主要特点是学者们的学术研究主动服务于唯一的主流意识形态的需要。

图书馆学界的图书馆阶级性的讨论,反映出了这种现象的存在。例如,20世纪50年代图书馆学界的学者们认为图书馆是有阶级性的,"封建社会的图书馆(藏书楼)为封建统治阶级服务。资本主义社会的图书馆,为资产阶级服务。社会主义的图书馆,为无产阶级服务。""社会主义图书馆事业既然具有鲜明的阶级性、政治性、战斗性,社会主义图书馆学自然也具有鲜明的阶级性、政治性、战斗性。"[41]到了改革开放初期,有学者撰文质疑图书馆的阶级性,如《四川图书馆学报》1980年第1期上发表了一篇文章《对图书馆有阶级性的一点否定意见》(尚不敢"彻底否定"),很快该刊第3期就有三篇文章对其"围剿"。其中一篇文章说:新中国成立前重庆的白公馆与红岩村皆有图书室,一个收藏反动书刊,一个收藏进步书刊,服务对象也不同,这不"就是两座带有鲜明阶级特征的图书馆"[42]吗?由此可以看出图书馆阶级性的观点危害之深、流毒之远。

"一登龙门,则声价十倍"[43]。学者的研究成果、思想观点被权力机构所肯定、接纳,不仅意味着其将步入社会学术主流并权威化,而且会给学者本人带来无上荣誉。这是许多学者主动服务主流意识形态的内在动因。

3. 面对官学的态度

学者或知识分子要敢于对权势说真话。美国文学理论家与批评家萨义德(Edward Wadie Said,1935—2003)说过:知识分子如果以自己所学专长服务于执政体制,并寄望得到执政体制的赏识与褒奖,那将"根本无法运用批判和相当独立的分析与判断精神的;而这种精神在我看来却应该是知识分子的贡献。换言之,严格说来知识分子不是公务员或雇员,不应完全听命于政府、集团,甚或志同道合的专业人士所组成的行会的政策目标。"[44]也因此,萨义德几度拒绝某媒体顾问的邀聘,认为受限于一家电视台或杂志也就受限于那个渠道通行的政治语言和观念架构,他也不担任政府有职位的顾问,甚至只到大学演讲,拒绝有酬劳的其他方式的邀请(但不排除请他宣讲自己理论观点与价值观的学术演讲请求)。

孔子讲:"三军可夺帅也,匹夫不可夺志也。"[45]但有时坚持真理、不屈从政治需要,也很艰难,甚至要付出生命的代价。最典型的例子之一就是"文革"中王重民先生(1903—1975)不屈从"四人帮"去做违心之论。1974年的"批林批孔"、"评法批儒"运动中,明朝李贽(1527—1602,字宏甫,号卓吾)因非孔反儒、盛赞秦始皇与武则天而被视为法家代表人物。当时研究李贽的文章铺天盖地,李贽的《藏书》、《焚书》等著作也印行于世。该年6月,江青在天津的一个"儒法斗争史报告会"上宣布福建泉州又"发现了一部李卓吾(贽)的《史纲评要》,现在准备出版"[46]。可是经过一些专家初步鉴定,多半怀疑本书是托名李贽的伪书。"梁效"的负责人找到版本目录学家王重民先生,对这部书的真伪问题进行考证,希望借助他的意见来肯定此书不伪。但王重民经过深入考证,认为这部书是部伪书,并提出了诸多证据。"梁效"领导曾指着王重民发火问道:"你说这部书是伪书,对你有什么好处?"[47] 1975年4月15日下午,北大召开校批斗大会,会上军宣队暨革委会负责人以不点名方式批判王重民以资产阶级思想腐蚀党员、干部。次日他竟步王国维先生的后尘自尽在颐和园长廊上,时年七十三岁。王重民夫人刘修业回忆说:"他临走前还在他书桌上放下他常用的一只手表,及一本《李卓吾评传》,我事后细想,他所以放下《李卓吾评传》是有深意的,一则因他为李卓吾之事不肯逢迎'四人帮'的意旨,次则李卓吾也是以古稀高龄,被明末当道者诬蔑,自尽于狱。"[48]

10.4 理论与实践结合的解决问题态度

首先,我们要认识到理论上成立的事实,在实践中也许难以成立。如《庄子·天下篇》所谓"一尺之棰,日取其半,万世不竭"[49],理论上是成立的,但实践中不能成立。换句话说,理论有理论的禀赋,实践有实践的条件。其次,理论与实践结合,不能简单地理解为是理论为现实服务。理论与实践结合是要求理论要关注现实问题,研究现实问题产生的原因,找出问题的症结,提出解决问题的合理方式。所以,理论与实践结合也是要求理论能够转化成实践工具,在实践中能够得到很好地运用。

我们通常所说的"理论与实践相结合",用最简单的一句话概括就是:能够运用理论找到合理解决现实问题的方法。这就做到了"理论与实践相结合"。

王重民先生治目录学海内外有名,由于他编写了大量古籍序跋、提要、书目、索引等,因而使其研究目录学有了坚实的基础。所以,王重民先生特别强调从事目录学研究,不可忽视书目工作实践。这个观点也受到顾廷龙先生的唱和。顾廷龙先生说:"君凤主'从事目录学史研究,不可忽视书目工作实践。'其言最为深切,盖实践多,则体会深。研究目录学而不事深入实践者,是为无源之水,无根之木。古人所谓'不揣其本而齐其末,方寸之木,可使高于岑楼。'君之学皆从实践中来,诚足以信今而传后也。"[50]但是今天研究目录学乃至图书馆学者,多不注重实践,不知从实践中获得体会以及发现问题,不知在实践中运用理论与体现理论。他们的文章写得漂亮,理论分析、新鲜术语运用纯熟,但是于世不济、于事无补,其实正是"岑楼齐末,不识高卑。"[51]

还有的图书馆学研究者在解决现实问题时,套用西方理论、模型,说得头头是道,但在某些现实条件中没有履践可能性。这样的研究成果就有理论脱离实践之嫌。

10.5　追求朴实的文风态度

学术论文应该用学术语言来表述,切不可用文学语言来写学术论文(当然并不排除一定的文采)。例如,我们可以写"改革开放以来……"的句子,却不能写"波澜壮阔的改革开放以来……"的句子。

学术语言主要表现为思路清晰、表述准确,流畅易懂,没有赘语。著名学者吕叔湘的文章就有这样的境界。凡读过吕先生《语文常谈》小册子的作者,都会被吕先生朴实文风所折服。吕先生曾经对人说过:你著书立说为了什么,还不是宣传你的理论,让别人信服?这就不但要让人看懂,而且还要让人不费力就能看懂。他说写文章有两个理想,一是"谨严",一个字不能加,一个字不能减,一个字不能换;一是"流畅",像吃鸭梨,又甜又爽口。他还写过一诗曰:"文章写就供人读,何事苦营八阵图?洗尽铅华呈本色,梳妆莫问入时无。"[52]有一次吕叔湘在《人民日报》(1987年5月25日第7版)上看到一则新闻,标题是《美两位同时换心者互相见面》,他觉得有问题。他说这个副词"互相"是多余的,标题就叫《美两位换心者见面》就够了。因为"见面"是由双方共同实现的行动,里面包含了"互相"的意思。吕先生还引申说:凡是必得由双方共同实现的行动,都不需要加"互相",如不能说"互相握手"、"互相比赛"、"互相斗争";凡是要表示施事同时也是受事的动词,才可以加"互相",如"互相学习"、"互相访问"、"互相攻击"等①。

我们不搞语言学研究,但是在用语言说话,也应尽量科学、准确地使用语言。此外,语言的直白、朴素也是学术论文风格所需要的。中国诗词非常讲究用典,但是流传最广、最久的都是很直白、甚至是口语化的诗,如陶渊明的"采菊东篱下,悠然现南山",李白的"举头望明月,低头思故乡"。当然,一定的文采也是要有的。古人做学问讲究"义理"、"考据"、"辞章","义理"是指思想观点深刻且逻辑上能自洽;"考据"是指论据要充分,材料使用准确;"辞章"就是要有文采,否则"言之无文,行之不远"[53]。

现在有的人写文章盛行"新华体"(又可称"报告体"),读之就像读报纸的社论,或领导人的报告,套话、空话充斥其中,随处可见"高举"、"狠抓"、"站稳"、"强化"、"深入开展"、"开拓创新"、"锐意进取"、"攻坚克难"等词汇。这样的文风很入时,却很恶劣。2015年我评审的一篇研究公共文化服务体系的研究生论文,感到论文内容很充实,但个别地方表述不好,言公共文化服务体系四大特点是公益性、基本性、

---

① 吕叔湘.说"互相"[J].汉语学习,1988(1):1-2.吕叔湘先生在此文中言《美两位换心者互相见面》登载《人民日报》1987年5月27日,其所举标题、日期有误,标题中少"同时"二字,日期实为25日。

均等性和便利性,说"这四大特点不是简单的平行关系、并列关系、包含关系,而是有内在的逻辑关系。在四大特点中,均等是核心,公益是保障,基本是尺度,便利是前提。"[54]这就是"新华体"的套路。因为,将"均等是核心,公益是保障,基本是尺度,便利是前提"换个说法,说成"公益是核心,基本是保障,均等是尺度,便利是前提"行否,可行;再换一种说法,变成"公益是前提,基本是核心、均等是保障、便利是尺度"行否? 还行。这是一种貌似高深实质圆滑、怎么说都行且无懈可击的语言表达方式。

我平生最喜欢的语体是"启超体",即梁启超的文章。梁任公的文章在晚清民初读书人中影响极大。他早期的政论文章犹如出山之水,纵横捭阖,一泻千里;后期学术文章则似水泽平原,婉曲润物,娓娓道来。他自己也称自己写文章"笔锋常带情感"[55]。

每个人都会有每个人的行文风格,一旦形成就很难改变,无论是好或坏的风格。

我们有时被某种优秀的风格所吸引,向往着形成一种独到的风格,但也不必刻意为之。木心先生(1927—2011)在2010年临近人生终点时有段话说得很好:"不要急于形成风格,风格是和人格一起成长的,它就是人格。我们那时幸好没有急于去形成风格。"[56]

参考文献

[1] 龚益.社科术语工作的原则与方法[M].北京:商务印书馆,2009:295-299.

[2] 李致中.中国国家图书馆史:1909—2009[M].北京:国家图书馆出版社,2009:324.

[3] 宋凝.闲书四种[M].武汉:湖北辞书出版社,1995:394-395.

[4] [法]艾田蒲.中国之欧洲:上卷[M].许均,钱林森,译.桂林:广西师范大学出版社,2008:前言25.

[5] 许明龙.与《中国之欧洲》译者商榷[N].中华读书报,2010-02-24(09).

[6] 吕叔湘.整理古籍的第一关[M]//古籍点校疑误汇录.国务院古籍整理出版规划小组,1984:30-37.

[7] 吕叔湘.《"学识何如观点书"辨》附记[J].中国语文,1989(4):314.

[8] 傅璇琮.想起一则"附记"[M]//傅璇琮.濡沫集.北京:北京联合出版公司,2013:27-28.

[9] [清]章学诚.文史通义:卷五·答客问中[M].叶瑛,校注.北京:中华书局,1985:上册,477.

[10] 傅斯年.历史语言研究所工作之旨趣[J]."国立中央研究院历史语言研究所集刊",1928[1971年再版]:第1本第1分,3-10.
[11] 胡适.《日本东京所见中国小说书目提要》序[M]//胡适古典文学研究论集.上海:上海古籍出版社,2013:下册,1052-1055.
[12] 王子舟.从图书馆员到"活字典":记张政烺先生[J].大学图书馆学报,2012(1):84-90.
[13] 吴晓铃.吴晓铃集:第二卷[M].石家庄:河北教育出版社,2006:13.
[14] 同[13],16.
[15] 同[13],60.
[16] 梁启超.清代学术概论[M]//饮冰室合集:专集之三十四.北京:中华书局,1989:第8册,34.
[17] 张树华.中国"前图书馆学"的发展及其有关文献[J].大学图书馆学报,2012(3):30-36,83.
[18] [晋]杜预,注.[唐]孔颖达,等正义.春秋左传正义:僖公二十四年[M].黄侃,经文句读.上海:上海古籍出版社,1990:上册,255.
[19] 吕思勉.燕石札记[M].上海:商务印书馆,1937(民国二十六年):79.
[20] 刘文典.庄子补正:卷五·外篇·天道第十三[M].赵峰,诸伟奇,点校.合肥:安徽大学出版社,昆明:云南大学出版社,1999:383.
[21] 吴晞.从藏书楼到图书馆[M].北京:书目文献出版社,1996:7-8.
[22] 程焕文.晚清图书馆学术思想史[M].北京:北京图书馆出版社,2004:1-10.
[23] 江向东."藏书楼"术语宋代文献记载考[J].大学图书馆学报,2011(6):108-112.
[24] 陈国坤.中国大批珍本古书流散美国:封存于各大图书馆不见天日[N].参考消息,1986-06-18(02).
[25] 吴晓铃.读"大批中国善本书流散在外"有感[M]//吴晓铃集:第四卷.石家庄:河北教育出版社,2006:228-230.
[26] 陈寅恪.金明馆丛稿二编[M].上海:上海古籍出版社,1980:218.
[27] [英]洛克.人类理解论[M].关文运,译.北京:商务印书馆,1962:696-697.
[28] Bertrand Russell's Message to the Future[EB/OL]. BBC Face-to-Face,(2010-10-05)[2012-12-08]. http://www.youtube.com/watch·v=O8h-xEuLfm8.
[29] 爱因斯坦.爱因斯坦文集:第3卷[M].许良英,等编译.北京:商务印书

馆,1979:384.

[30] [清]崔述.考信录提要:卷上[M]//.丛书集成初编据畿辅丛书排印本.上海:商务印书馆,1937(民国二十六年):22.

[31] 熊十力.戒诸生[M]//十力语要.北京:中华书局,1996:62.

[32] 董仲舒.士不遇赋[M]//[清]严可均,校辑.全上古三代秦汉三国六朝文.北京:中华书局,1958:第1册,250.

[33] 钱锺书.管锥编:二〇·全汉文卷二二·圆喻之多义[M].北京:中华书局,1986:第三册,921-930.

[34] 范文澜.历史研究中的几个问题:北京大学"历史问题讲座"第一讲[J].北京大学学报(人文科学),1957(2):1-10.

[35] 吴承学.中国古代文体形态研究[M].广州:中山大学出版社,2002:序6.

[36] 启明[周作人].听耳草纸[N].大公报·文艺副刊,1933(民国二十二年)-12-23(12).

[37] 张政烺.读《相台书塾刊正九经三传沿革例》[M]//张政烺文史论集.北京:中华书局,2004:848-850.

[38] 王国维.论近年之学术界[M]//王国维全集:第1卷·静安文集.杭州:浙江教育出版社,2010:121-125.

[39] 叶德辉.书林清话:板本之名称[M].北京:古籍出版社,1957:25-26.

[40] [英]吉尔德·德兰逊.社会科学:超越建构论和实在论[M].张茂元,译.长春:吉林人民出版社,2005:125-126.

[41] 文化学院图书馆研究班第一期学员.社会主义图书馆学概论[M].北京:文化学院,1960:1,12.

[42] 鲍林涛.两个图书室的启示:就图书馆有无阶级性与王嘉陵同志商榷[J].四川图书馆学报,1980(3):86-89.

[43] [唐]李白.与韩荆州书[M]//[清]吴楚材,吴调侯,编.古文观止.阴法鲁,等译注.2版.北京:北京大学出版社,2011:434.

[44] [美]萨义德.知识分子论[M].单德兴,译.北京:生活·读书·新知三联书店,2002:74-75.

[45] 杨伯峻,译著.论语:子罕篇[M].北京:中华书局,1980:95.

[46] 刘脩业.王重民教授生平及学术活动年表(附《著述目录》)[J].图书馆学研究,1985(5):28-55,59.

[47] 同[46].

[48] 同[46].

[49] 同[20],895.

[50] 顾廷龙.《中国目录学史论丛》跋[M]//王重民.中国目录学史论丛.北京:中华书局,1984:341-342.

[51] [清]程允升,原本.[清]邹圣脉,增补.叶光大,译注.幼学故事琼林译注:卷三·人事[M].贵阳:贵州人民出版社,1991:212.

[52] 江蓝生.游谈无根是所忌,龙虫并雕知行一:随吕叔湘先生学步感悟[M]//中国社会科学院老专家协会,编.学问人生:中国社会科学院名家谈(上).北京:高等教育出版社,2007:174-182.

[53] [晋]杜预,注.[唐]孔颖达,等正义.春秋左传正义:襄公二十五年[M].黄侃,经文句读.上海:上海古籍出版社,1990:下册,623.

[54] 佚名.贫困地区公共阅读服务体系构建研究[D].北京大学信息管理系,2015:6.

[55] 梁启超.清代学术概论[M]//饮冰室合集:专集之三十四.北京:中华书局,1989:第8册,62.

[56] 匡文兵,记录.晚年木心先生谈话录[M]//刘瑞琳,主编.木心逝世两周年纪念专号:《温故》特辑.桂林:广西师范大学出版社,2014:259-270.

馆,1979:384.

[30] [清]崔述.考信录提要:卷上[M]//.丛书集成初编据畿辅丛书排印本. 上海:商务印书馆,1937(民国二十六年):22.

[31] 熊十力.戒诸生[M]//十力语要.北京:中华书局,1996:62.

[32] 董仲舒.士不遇赋[M]//[清]严可均,校辑.全上古三代秦汉三国六朝文.北京:中华书局,1958:第1册,250.

[33] 钱锺书.管锥编:二〇·全汉文卷二二·圆喻之多义[M].北京:中华书局,1986:第三册,921-930.

[34] 范文澜.历史研究中的几个问题:北京大学"历史问题讲座"第一讲[J].北京大学学报(人文科学),1957(2):1-10.

[35] 吴承学.中国古代文体形态研究[M].广州:中山大学出版社,2002:序6.

[36] 启明[周作人].听耳草纸[N].大公报·文艺副刊,1933(民国二十二年)-12-23(12).

[37] 张政烺.读《相台书塾刊正九经三传沿革例》[M]// 张政烺文史论集.北京:中华书局,2004:848-850.

[38] 王国维.论近年之学术界[M]//王国维全集:第1卷·静安文集.杭州:浙江教育出版社,2010:121-125.

[39] 叶德辉.书林清话:板本之名称[M].北京:古籍出版社,1957:25-26.

[40] [英]吉尔德·德兰逊.社会科学:超越建构论和实在论[M].张茂元,译.长春:吉林人民出版社,2005:125-126.

[41] 文化学院图书馆研究班第一期学员.社会主义图书馆学概论[M].北京:文化学院,1960:1,12.

[42] 鲍林涛.两个图书室的启示:就图书馆有无阶级性与王嘉陵同志商榷[J].四川图书馆学报,1980(3):86-89.

[43] [唐]李白.与韩荆州书[M]//[清]吴楚材,吴调侯,编.古文观止.阴法鲁,等译注.2版.北京:北京大学出版社,2011:434.

[44] [美]萨义德.知识分子论[M].单德兴,译.北京:生活·读书·新知三联书店,2002:74-75.

[45] 杨伯峻,译著.论语:子罕篇[M].北京:中华书局,1980:95.

[46] 刘修业.王重民教授生平及学术活动年表(附《著述目录》)[J].图书馆学研究,1985(5):28-55,59.

[47] 同[46].

[48] 同[46].

[49] 同[20],895.

[50] 顾廷龙.《中国目录学史论丛》跋[M]//王重民.中国目录学史论丛.北京:中华书局,1984:341-342.

[51] [清]程允升,原本.[清]邹圣脉,增补.叶光大,译注.幼学故事琼林译注:卷三·人事[M].贵阳:贵州人民出版社,1991:212.

[52] 江蓝生.游谈无根是所忌,龙虫并雕知行一:随吕叔湘先生学步感悟[M]//中国社会科学院老专家协会,编.学问人生:中国社会科学院名家谈(上).北京:高等教育出版社,2007:174-182.

[53] [晋]杜预,注.[唐]孔颖达,等正义.春秋左传正义:襄公二十五年[M].黄侃,经文句读.上海:上海古籍出版社,1990:下册,623.

[54] 佚名.贫困地区公共阅读服务体系构建研究[D].北京大学信息管理系,2015:6.

[55] 梁启超.清代学术概论[M]//饮冰室合集:专集之三十四.北京:中华书局,1989:第8册,62.

[56] 匡文兵,记录.晚年木心先生谈话录[M]//刘瑞琳,主编.木心逝世两周年纪念专号:《温故》特辑.桂林:广西师范大学出版社,2014:259-270.

延伸阅读书目

1. 梁启超.中国历史研究法[M].北京:东方出版社,1996.3.
2. 于鸣镝.图书馆学实用研究法[M].北京:海洋出版社,2007.6.
3. [美]尼尔·J.萨尔金德.社会科学研究方法100问[M].赵文,李超.译.北京:北京大学出版社,2014.10.
4. [美]Malcolm Williams.研究方法的第一本书[M].王盈智,译.台北县永和市:韦伯文化国际出版有限公司,2005.3.
5. [英]朱迪思·贝尔.社会科学研究的基本规则[M].马经标,等译.4版.北京:北京大学出版社,2008.2.
6. [美]劳伦斯·纽曼,拉里·克罗伊格.社会工作研究方法:质性和定量方法的应用[M].刘梦,译.北京:中国人民大学出版社,2008.10.
7. [美]理查德·谢弗.社会学与生活[M].刘鹤群,房智慧,译.北京:世界图书出版公司北京公司,2008.7.
8. 袁方,主编.王汉生,副主编.社会研究方法教程[M].北京:北京大学出版社,1997.2.
9. 郝大海.社会调查研究方法[M].3版.北京:中国人民大学出版社,2015.5.
10. [瑞典]芭芭拉·查尔尼娅维斯卡.社会科学研究中的叙事[M].鞠玉翠,等译.北京:北京师范大学出版社,2010.4.
11. [丹麦]Steinar Kvale.访谈研究法[M].陈育含,译.台北县永和市:韦伯文化国际出版有限公司,2010.3.
12. 李向平,魏杨波.口述史研究方法[M].上海:上海人民出版社,2010.4.
13. [英]希拉里·阿克塞,彼得·奈特.社会科学访谈研究[M].骆四铭,等译.青岛:海洋大学出版社,2007.2.
14. 瞿海源,等编.社会及行为科学研究法(二)·质性研究法[M].北京:社会科学文献出版社,2013.7.
15. [美]诺曼·K.邓津,伊冯娜·S.林肯.定性研究(第3卷):经验资料收集与分析的方法[M].风笑天,等译.重庆:重庆大学出版社,2007.3.
16. [美]罗伯特·K.殷.案例研究:设计与方法[M].周海涛,李永贤,张蘅,译.3版.重庆:重庆大学出版社,2004.11.
17. [美]克里斯韦尔.质的研究及其设计:方法与选择[M].余东升,译.青岛:

中国海洋出版社,2008.2.
18. 国务院学位委员会办公室,全国信息与文献标准化技术委员会.学位论文编写规则:GB/T 7713.1-2006[S].北京:中国标准出版社,2007.5.
19. 全国信息与文献标准化技术委员会.信息与文献 参考文献著录规则:GB/T7714-2015[S].北京:中国标准出版社,2015.5.
20. [美]利普森.正确引用:引用格式快速指南——MLA、APA、芝加哥、科技、学术及其他[M].邱云强,译.第2版.北京:高等教育出版社,2013.3.

后记

从 2010 年以来,我给图书馆学专业研究生开设了"图书馆学研究法"(research methods in library science)课程,这门课是我系图书馆学专业硕士、博士研究生的必修课程,旨在培养研究生的科研能力与学术规范素养,通过课堂学习与研讨、实习,使本专业研究生掌握科研中的选题、写作等方面的学术方法,提高研究生论文写作水平。本书即脱胎于该课使用的一部讲稿。

本讲稿章节内容及顺序的安排,基本出于经验主义的策略。例如,讲稿提到学术研究方法可分为实证、阐释、批判的三种大的类型,但具体章节的研究与写作方法,并没有按照这三类分别展开,而是将理论构建(提出某些新概念、新观点)为主要特征的研究、写作,列为"理论文章的写法"一章;将通过数据、事实来说明现象和行为的研究、写作,列入"实证文章的写法"一章;将以历史方法探讨文献、图书馆、图书馆学、阅读行为等演进过程的研究、写作,列到了"学术史文章的写法"之中。

这样安排的主要原因,一是社会科学的研究越来越多地尝试多方法运用,如案例研究方法,这就让人很难确定一个具体的研究项目,其方法到底是属于定量(或量化)的,还是定性(或质性)?是实证的,还是阐释的、批判的?二是经验主义的策略是省力原则的产物,它不仅求科学性,更重在应用性。古代图书分类法将书籍分经、史、子、集四类,即是省力原则的产物。本讲稿是为从事图书馆学研究以及文章写作提供一定的帮助,故而强调了实用性。我也知道,这样安排研究与写作方法的章节也有很大弊端,最主要的是在研究方法性质上带来了混乱与模糊。另外有关参考文献著录、引注、排序的方法,也分散在第三、七、九章里,虽然起到了随用随掌握的方便,却不宜于读者的集中了解。

为了方便说明问题,讲稿中许多实例都来自于作者亲历的案例,因此也使得本讲稿内容带有个人体验色彩。课堂上讲述个人体验,能够起到类似"真人书"(living book)的作用,但这也使得该讲稿严格来说算不上一部正规的教科书,它只是作者与研究生们交流读书治学经验的一个总结。木心说:"一位画家,必定是一位批评家,创作的过程原系批评的过程,尤其画到中途,这位批评家岸然登场,直到最后画完,他还理所当然地逗留不去,至此,画家退开,画装框,上墙,画家成为观众之一。"[1] 这话对我深有触动。当此学术泡沫日益繁滋、学术研究渐趋功利、学术丑闻屡有曝光的年代里,潜心学术、为学术献身的读书种子也愈加稀少。我在讲稿里对某些关乎研究方法的观点、现象进行了品评,是非轩轾,或不能持平,希望读者谅解,更欢迎给予纠谬。

目前国内外出版的社会科学研究法的教科书为数众多,但针对图书馆学专业的尚不多见。本讲稿读者对象明确,主要是图书馆学硕士、博士研究生,同时也可供图书馆从业者参考。讲稿不是偏重理论去泛论社会科学的研究方法,而是从论文写作出发,解决研究面临的问题,通过案例起到举一反三的作用。是否真正起到了这样的作用,我心里没底,还是交给读者评说吧。伏尔泰说过,读者(公众)是由不提笔写作的批评家组成的[2]。

我的博士研究生周亚在部分章节的文字校对中,改正了一些错字,也提出了诸多好的意见。在此向他表示感谢。

王子舟

2016 年 6 月 4 日于五道口嘉园

参考文献

[1] 木心.回忆林风眠先生(上)[N].中国时报·人间副刊,1991-09-30(27).

[2] [法]蒂博代.批评生理学[M].赵坚,译.北京:商务印书馆,2015:158.